走进先贤普及读本

一代书圣

王羲之

亦农◎编著

中国社会出版社

国家一级出版社 ★ 全国百佳图书出版单位

图书在版编目（CIP）数据

一代书圣王羲之 / 亦农编著 . — 北京：
中国社会出版社，2012.1（2022.4 重印）
（走进先贤普及读本）
ISBN 978-7-5087-3737-9

Ⅰ . ①一… Ⅱ . ①亦… Ⅲ . ①王羲之（303～361）—
生平事迹—通俗读物 Ⅳ . ① K825.72-49

中国版本图书馆 CIP 数据核字（2011）第 229336 号

出 版 人：浦善新　　　　　　　终 审 人：张铁纲
责任编辑：魏光洁　　　　　　　助理编辑：刘海飞
责任校对：马潇潇　　　　　　　封面设计：天之赋设计室

出版发行　中国社会出版社　　　地　　　址：北京市西城区二龙路甲 33 号
邮政编码　100032　　　　　　　编 辑 部：(010)58124851
网　　　址：shcbs.mca.gov.cn　　　发 行 部：(010)58124868
经　　　销：新华书店

印刷装订　北京华创印务有限公司　开　　　本：155 mm×225 mm　1/16
印　　　张：11　　　　　　　　　字　　　数：160 千字
版　　　次：2012 年 3 月第 1 版　印　　　次：2022 年 4 月第 3 次印刷
定　　　价：39.80 元

中国社会出版社微信公众号　　　　　中国社会出版社天猫旗舰店

走进先贤普及读本编委成员

（按姓氏笔画排序）

【目录】

第一章 两晋乱世 名门望族

转瞬即逝、动荡飘摇的西晋 002

王氏相助，东晋雄起 004

名人辈出的琅玡王氏 006

第二章 书法世家 墨香少年

一门墨香，书法世家 012

师从卫铄，智得『枕秘』 016

羲之爱鹅，周顗赠牛心炙 021

王门三少，希望之星 023

心骄气傲，洛中问道 025

第三章 东床快婿 情感世界

有个太尉叫郗鉴 027

坦腹东床的新郎 031

女中笔仙，红袖相伴 035

第四章　仕途风云　宦海浮沉

『审量彼我』，北伐高见　061

清谈误国，与谢安登冶城　055

庾氏兄弟，仕途知音　049

反愤愤之政，与叔父王导隔心　047

诣阙待罪，王敦之乱　041

秘书郎之谜　038

第五章　爱民使君　造福天下

惩办贪官，开仓赈贷　075

复开漕运，造富一方　074

禁酒节粮，爱民如子　071

第六章　告誓辞官　与王述之争

称病弃官，告誓父母　083

死对头，王述其人　079

第七章　晚年生活　回归自然

老妇烹鹅，羲之卖当　096

修身养性，道教中人　092

安享天伦，郗璇相伴　089

去意已决，谢绝圣意　086

第八章

王羲之和他的儿子们

子孙相承，书香不断 100

性卓不羁，侍郎徽之 102

天才短命，『小圣』献之 103

第九章

传世佳作《兰亭集序》

津津乐道千年往事 107

《兰亭集序》的价值与影响 110

《兰亭集序》逸事趣闻 113

第十章

书法人生　四步功成

羲之吃墨，入木三分 119

转益多师，刻苦磨砺 120

书法四步，终成书圣 122

第十一章

名帖荟萃　千秋传阅

《万岁通天帖》第一帖《姨母帖》 129

小楷名帖《黄庭经》 132

书中龙象，草书典范《十七帖》 135

第十二章 大哉书圣 万世称颂

敛也帝王，毁也帝王 157

有因有果，无愧书圣 153

帝王将相，粉丝万千 141

书扇卖扇，书寿添寿 138

第十三章 服食之误 书圣之死

人生落幕，兰亭长存 164

书圣之死，谜题起底 159

第一章

两晋乱世 名门望族

翻开人类历史，你会发现我们大多时候都在动荡不安中向前发展。书圣王羲之同样无法避免这样的命运，他一生跨越两个朝代，亲身经历西晋的灭亡和东晋的建立。魏晋时期世家大族兴起，琅珢王氏是一面声名显赫的旗帜，它与阳夏谢氏并称"王谢"，几乎成为三国两晋时代高门大族的代称。两位宰相王导和谢安曾同住乌衣巷，后人便有了这千古名句：旧时王谢堂前燕，飞入寻常百姓家。

西晋惠帝太安二年（303 年）癸亥七月十一日，在山东琅珢郡（今临沂都乡南仁里）一户王氏家里，人来人往，一派紧张有序的忙碌景象。这家的男主人，就是王羲之的父亲王旷大人。此刻，他在书房内坐卧不宁，心早飞到了后院妻子的身边。

在王府后院一间卧室内，王旷的妻子夏侯夫人十月怀胎，马上就要临产。阵痛越来越强烈，王夫人忍不住大声呻吟，豆大的汗珠从她的额前滚下来。她在痛苦中暗暗祈祷上苍保佑，

赶快让自己腹中的小宝宝平安出生。内侍丫鬟端着盛满温热清水的木盆，拿着雪白的毛巾，和接生婆早早做好一切准备，等待着她们的小主人降临。

"哇哇，哇哇……"一阵嘹亮的啼哭声从后院传出来，飘向晴朗的天空。

一个丫鬟小跑着来到书房："恭喜老爷，贺喜老爷，夫人给你生下一个公子。"

王旷急步来到产房门前，接生婆抱着一个刚呱呱坠地的婴儿掀帘出来。王旷惊喜地接在怀里，孩子五官端正，眉眼清秀。他长长舒了一口气，身为一个父亲，他能得到一个健康的儿子就满足了。

一个丫鬟从屋内出来，微笑着说："禀老爷，夫人让小的向老爷请示，给少爷起什么名字为好？"

王旷手捻胡须，略一沉吟道："其兄叫籍之，他就叫羲之吧。"这个孩子，就是后来在中国书法史上鼎鼎大名，写出"天下第一行书"，被称作书圣的王羲之。

转瞬即逝、动荡飘摇的西晋

要全面认识书圣王羲之的其人其事，首先应该先了解他所生活的时代。王羲之生于动荡的西晋，死于纷争不断的东晋。魏晋之风飘荡在江南江北的上空，也渗入那个时代每个人的骨血之中。

西晋的孕育充满了血腥与杀戮。公元249年，司马氏集团以迅雷不及掩耳之势发动政变，夺取曹魏政权。随后杀戒大开：起兵谋反者，杀；持不同政见者，杀；看不惯现状者，杀；发

不同声音者，杀……统统格杀勿论，绝不手软，据说连那砍头的刀刃都卷了。当时名士或是曹氏集团的亲信如何晏、邓飏、毕轨、丁谧、王凌、夏侯玄、诸葛诞、张华、嵇康等都成了"刀下鬼"。虐政屠刀之下，血沃千里，天下名士减半。司马昭之心路人皆知，其目的就是为了扫除称帝路上的一切障碍。从此，倒是天下太平，却是死水一潭，人人噤若寒蝉，不敢发声。

公元265年，咸熙二年八月，梦寐以求、用尽心机，正准备黄袍加身的司马昭，却无福坐上龙椅就一命归阴了。这年年底，司马昭之子司马炎威逼魏元帝曹奂让位，自己迫不及待地披上龙袍，改国号为晋，定都洛阳，史称西晋。

晋武帝司马炎登基之初，清廉简朴，两年后，就迫使东吴孙皓投降，遂结束三国鼎立局面，全国一统。但好景不长，不久晋武帝以为天下太平，开始纵情享乐。他广纳天下美女，据说宫中靓女就有一万余人。上行下效，那些文武官员也跟着花天酒地、奢侈腐败、草菅人命。百姓怨声载道，民不聊生。

晋武帝善于玩弄权术，但太子司马衷却是个白痴。有一次司马衷在华林园听到一阵蛤蟆叫，问侍郎贾胤："此鸣者为官乎？为私乎？"意思是说这蛤蟆是官养的？还是私养的？原本精明的晋武帝，后来变得异常昏庸，在张泓等人的欺骗下，竟让司马衷继承皇位，史称惠帝。有一年四处灾荒，饿殍遍野，这位愚庸皇帝竟说："老百姓没有粮食吃，为何不吃肉粥？"

晋惠帝的皇后贾南风心狠手辣，她与太医令程据、洛阳小吏荒淫共寝，臭名远扬。由这些人治理国家，情况可想而知。汝南王亮、楚王玮、赵王伦、齐王冏、河间王颙、成都王颖、长沙王乂和东海王越等八王，为了中央统治权，你争我夺，长期混战。他们甚至勾结少数民族首领，互相残杀，搞得生灵涂炭，百姓苦不堪言。这就是史称的"八王之乱"。

晋惠帝当政十九年，公元 307 年被毒死。晋怀帝司马炽即位，做了不到七年的皇帝，永嘉七年（313 年）匈奴贵族刘曜攻破洛阳，他就成了俘虏，天子之尊丧失殆尽。后来他也被毒死，年仅 30 岁。

同年，14 岁太子司马邺继位，这位晋愍帝的下场并不比他父亲好。经过"八王之乱"和"永嘉之乱"，整个国家早已分崩离析，军队不堪一击，西晋王朝已经风雨飘摇、摇摇欲坠了。公元 316 年，刘曜兵临城下，愍帝投降。愍帝被解送到平阳，见到汉主刘聪连忙下跪叩头，从此成了刘聪的阶下囚。

西晋传了四主、历时五十二年就灭亡了。如果从公元 280 年灭东吴，完成统一开始计算，西晋只存在短短的三十七年，是魏晋南北朝长期分裂时期中的短暂统一，在中国历史上昙花一现。司马邺在被俘期间受尽凌辱。刘聪率百官打猎，司马邺手执长竿为其开路。他在宴会上为客人斟酒，雨天为客人撑伞，清洗杯盘，连刘聪上厕所也叫这位昔日的皇上拿马桶盖……最后司马邺被迫喝药酒自杀身亡，结束了屈辱的俘虏生涯。

王氏相助，东晋雄起

公元 318 年，王羲之 15 岁那年，镇守江南的琅珏王司马睿在南北地主的拥戴下称帝，这就是晋元帝（317—322 年）。司马睿重建晋政权，改建邺为建康，史称东晋。中国历史进入了东晋十六国时期。

东晋的建立，根本原因是由于中原沦陷，少数民族建立了政权，民族矛盾成为主要矛盾。世家豪族辗转逃到南方，他们之间原有的矛盾转变为次要矛盾。为了加强地主阶级的力量，他们需要建立自己的政权，以维护其共同的利益。其中的代表势力就是琅玡王氏。

在建立东晋王朝时，王羲之的从叔父王导起了关键作用。早在西晋"八王之乱"时，王导与司马睿"素相亲善""雅相器重，契同友挚"。王导深知司马睿在江南政绩平平，再加上他不是晋武帝司马炎的嫡系后代，"名论犹轻"，故更缺乏影响和威望。南渡的士族对他能否抵御外族侵扰、光复中原缺乏信心。王导请手握军权的堂兄扬州刺史王敦共商定国安邦大计，采取种种措施扩大司马睿的影响，提高其社会地位。

这一年，农历三月初三上巳观禊，王敦奉司马睿乘肩舆出巡，王导和北方迁来的一些名士等有身份的人骑马尾随其后，队伍浩荡，声势煊赫。此举惊动了建邺城内外。原来江南士族首领纪瞻、顾荣等对司马睿不屑一顾，如今见他这般威风，不能不刮目相看。于是他们"相率拜于道左"，后来包括贺循在内的许多名士也都归附司马睿了。

有一次，北方来的士族首领在长江边聚会、饮酒，大家面对滔滔江水无不触景生情，对中原失守感叹忧伤。王导借机慷慨陈词，号召大家全力扶助司马睿，收复中原。他的一席话得到与会者的赞同。王导又劝司马睿"宾礼故老，存问风俗"，以笼络人心，从此"吴会风靡，百姓归心焉"。

由于得到江北南迁士族的支持和江南土著士族的拥护，司马睿做皇帝的时机业已成熟。万事俱备，只欠东风。因此就在愍帝司马邺被迫喝药酒自杀身亡之后，他立即登基，成为东晋第一个皇帝晋元帝。

在东晋政权的建立过程中，琅玡王氏中的王导、王敦出谋划策最多，而起着关键性作用的人物，应该是王导。当年司马睿用王导之计，赚取人心，收揽人才，才得以奠定开国的基础。因此，司马睿对王导也心怀感激，他称王导为"仲父"，任命王导为丞相、骠骑将军、封武冈侯、进位侍中；任王导堂兄王敦为大将军，都督荆、江、扬、湘、交、广六州军事，荆州刺史，坐镇长江中游。这还不够，称帝登基时，司马睿竟然还要拉着王导去"升御床共坐"，接受百官朝拜。

司马睿这一招真是亘古未见，闻所未闻。史书上说王导"固辞"，说什么也不能这样做，司马睿只好作罢。

由于王导、王敦这对堂兄弟在东晋王朝中的特殊地位，琅琊王氏一门近百人俱为显宦，又加上与皇室与郗、庾、谢、刘等东晋士族的姻亲关系，形成了一股巨大的政治势力。当时就有所谓"王与马，共天下"之说，真实地反映了东晋初年的政治格局。从此，南北方处于长期分裂的局面。

东晋（316—420年），与北方的十六国并存，这一历史时期又称东晋十六国。当时，北方少数民族政权纷立，长期以交替的形式统治北方。而东晋，内部也曾经四分五裂。直到公元420年，宋公刘裕废黜晋安帝，建立刘宋，进入南北朝时期。

名人辈出的琅琊王氏

魏晋时期世家大族兴起，琅琊王氏对当时和后世的影响令其他士族只能望其项背，叹为观止。琅琊王氏与阳夏谢氏，并称"王谢"，而王谢几乎成为三国两晋时代高门大族的一个代名词。那时的高门大族，有的是世代做官的，有的是世代儒门，又有同时具备两种资格的，既是高官，又是名儒。

琅玡王氏源远流长，其家世上可溯至周代。据记载，周灵王太子晋因事直谏，被贬为庶民，改名王侨，这便是王氏的始祖。时人号称王家，因而以"王"为姓氏。王侨生有一子敬宗，曾担任司徒。王家十四世孙王翦，为秦国大将。在秦统一六国时，王翦和他的儿子王贲立下不世之功。秦二世时，山东诸强锯木为兵，揭竿而起，一时间天下风起云涌。王贲的儿子王离奉命偕同章邯前往镇压，与项羽交战。一战之后，王离被项羽俘虏。他的两个儿子——王元和王威纷纷出逃，王威落户太原，王元迁至琅玡皋虞城（今山东即墨城），从此王氏分为太原王和琅玡王两大支。王元的曾孙王吉，自皋虞迁往临沂都乡南仁里，直至二十五世王融，生有两子：王祥和王览。

富家大族拥有土地庄园，因此王融可以不必躬耕垄亩，只需啸傲林泉，优游岁月。当地曾征辟王融为公府掾，他不肯出仕。王融的元配妻子生下王祥不久便去世了，继室朱氏生下王览之后，渐渐不再喜欢王祥，时常在丈夫面前说王祥坏话，久而久之，王融便不顾长子瘦小羸弱，让他随仆役做些成年体力才能干的杂活。王祥不但对父亲的教训奉之唯谨，对继母的种种虐待措施也照办不误。

王祥以孝著称。元代郭居敬辑录古代 24 个孝子的故事，编成《二十四孝》，其中"卧冰求鲤"故事中的主人公王祥被列为 24 个孝子之一。

《卧冰求鲤》原文：

晋王祥，字休征。早丧母，继母朱氏不慈。父前数谮之，由是失爱于父母。尝欲食生鱼，时天寒冰冻，祥解衣卧冰求之。冰忽自解，双鲤跃出，持归供母。

大意是说：晋朝的王祥，早年丧母，继母朱氏并不慈爱，常在其父面前数说王祥的是非，因而失去父亲的疼爱。一年冬天，继母朱氏生病想吃鲤鱼，但因天寒河水冰冻，无法捕捉，王祥便赤身卧于冰上祷告，忽然间冰裂，从裂缝处跃出两尾鲤鱼，王祥喜极，持之归供奉继母。

人们称赞王祥是人间少有的孝子，有诗写道："继母人间有，王祥天下无；至今河水上，留得卧冰模。"至今他的故里孝友村仍有"王祥卧冰处"。这位王祥就是书圣王羲之五世祖王览的同父异母兄。王祥在东汉末年曾隐居20年，历汉、魏、晋三代，先后任县令、大司农、司空、太尉、太保等职。

王览是王羲之的曾祖父，曾任司徒西曹掾、清河太守、太中大夫、光禄大夫，封爵即丘子。他的为人史传记载甚少，《晋诸公赞》说："子弟繁衍，颇有贤才相系，奕世之盛，古今少比焉。"他的享有重名，不仅借光自王祥，亦由其子孙添彩。他的六个儿子：裁、基、会、正、彦、琛，连同王祥的几个儿子，兄弟十余人都担任过中级官吏，这在当时委实少见。至于他的孙子辈，如王导、王敦、王廙等，自晋室南渡后，都位极人臣，左右朝政。

王衍（265—311年）是王祥的族孙，字夷甫，累任至司空、司徒、太尉，是朝中数一数二的人物。王衍的从兄王戎，是"竹林七贤"之一，素有善于鉴赏人物的高名。晋武帝司马炎听到王衍的名声，就问王戎当世哪个人可以跟王衍相比。王戎说："没有见到当世谁能跟夷甫（王衍的字）相比，应该从古人中去寻求。"

王衍的父亲在北平去世后，朋友族人送的丧葬钱财很多，因而许多亲戚熟人向他借贷，王衍就把钱财分给他们。没有几年时间，家里的财产就几乎用光了。在没有办法的情况下，王衍只好搬到靠近洛阳城西的田园中居住，过了一阵子悠闲宁静的田园生活。不久，王衍便开始步入仕途，先任太子舍人，后又升为尚书郎，之后出京城任元城（今河北大名东）令，整天还是清谈，但县里的大小事务也还算理顺。不久，他又回到京城，任中庶子、黄门侍郎。王衍才华横溢，容貌俊雅，聪明敏锐有如神人，常常把自己比作子贡，加上他的声誉名气很大，为当世人所倾慕。无论朝廷高官，还是在野人士，都很仰慕，又称他为"一世龙门"。

王衍一心企求玄虚悠远，从来不谈利字。他的族弟王敦在西晋南渡之后，经常称赞他说："夷甫处在人群之中，犹如明珠美玉落在瓦片石块之间。"顾恺之在王衍的画像上作赞词，也称赞他人品如青山耸峙，千仞壁立。由此可见他被人所推崇的程度。

王导（276—339年）是东晋政权的奠基者之一，字茂弘。他是王衍的族弟，是王羲之的从伯父。其祖父王览，父亲王裁，任镇军司马。历任东晋晋元帝、晋明帝和晋成帝三朝宰辅，东晋丞相、政治家。

王导在少年时代就很有识量，陈留高士张公曾对他的从兄王敦说："此儿容貌志气，将相之器也。"袭父爵，为即丘子。及长为司空刘寔所知，被任为东阁祭酒，迁秘书郎、太子舍人，不就。后参东海王司马越军事。

王导与琅琊王司马睿交往甚密。南渡来建邺后，依赖南渡的北方士族，团结江东土著，协助司马睿建立了东晋政权。王导以"镇之以静，群情自安"为方针，保持东晋的安定局面。由于战乱扩大，北方士族和中原百姓大批南渡，他们占土地，要特权，与土著的矛盾日益尖锐。为缓和矛盾，王导一方面积极拉拢土著豪门，许以高官厚禄，保证他们的财产身家安全；另一方面又在南方豪族势力较弱的地区设立侨州、侨郡、侨县安置北方士族和移民，使土著与侨民各得其所，使晋室转危为安。王导提倡勤俭建国，曾指牛首山双峰为天阙，婉转地使晋元帝放弃在都城正南门立双阙、摆威风的主张。因他扶持晋室功勋卓著，朝野倾心，晋元帝把他比作管仲，亲口对他说："卿，吾之萧何也。"

王导与稍后于他的谢安都住在青溪与秦淮间的乌衣巷。唐人刘禹锡游南京，曾感慨赋诗："朱雀桥边野草花，乌衣巷口夕阳斜。旧时王谢堂前燕，飞入寻常百姓家。"

王导平日性情谦和宽厚，有恻隐仁爱之心，故能忍让、调节各方面矛盾，基本上做到和睦共处。王导为政的基本点就是收揽一批北方的士族作骨干，联络南方士族作辅助，自己作为南北士族的首领；在自己上面，安置一个姓司马的皇帝。但是由于北方士族与南方士族之间、王氏与司马氏之间都存在着矛盾，如果不能调解这些矛盾使之处于相对平衡的状态，就不可能建立东晋王朝。

王导一生的事业就是调解这些矛盾，因而造成偏安江左的局面。这个局面也是王导和晋元帝所专注和希冀的。至于北伐恢复中原，虽然当时有祖逖等名将积极主张，而且祖逖曾率部曲百余家渡江北上，在淮阴铸造兵器，募兵得两千余人，屡次击败石勒军，收复黄河以南大片土地，但祖逖后来并未得到王导和晋元帝的支持和信用，以致忧愤而终。这不能不说是王导政治思想的消极方面。

王导死后多年，东晋又遇到一次危机，就是桓温的图谋篡位事件，不过由于王、谢两大士族的抵制，桓温的野心未能实现。桓温死后，谢安执掌朝政。桓温的弟弟桓冲做荆州刺史，与谢安同心保护帝室。东晋出现前所未有的和睦景象，这是和谢安完全继承王导力求各大族势力平衡的"镇之以和静"的做法分不开的。这也说明王导保持东晋偏安的政治措施的积极影响作用。

晋成帝咸康五年七月庚申（十八）日（339年9月7日），王导病逝，终年64岁，谥文献。死后赐葬幕府山西南麓。皇帝于朝举哀三日，遣大鸿胪持节监护丧事，仪式赠物之礼，比照汉代的霍光及西晋的司马孚。下葬时，给九游辒辌车、黄屋左纛、前后羽葆鼓吹、武贲班剑百人，中兴名臣没有可以同他相比的。

第二章

书法世家　墨香少年

王羲之出生在一个书法世家，王氏家族巨大的政治权势，造就了其浓厚的文化氛围。书法系琅邪王氏的世传家学，名家高手不乏其人。叔父王导、伯父王敦皆擅书法。在书法上对王羲之影响比较大的是叔父王廙。王羲之幼年失父，常受王廙督导。王廙不仅是他的书法老师，也是他的精神教父。王羲之并非天才，少时即苦练书法，师从卫铄，偷得枕中秘，被称"王门三少"之一，又因名士周顗赠割牛心炙而名声大振。

一门墨香，书法世家

山东琅玡王氏望族，经王览（206—278 年）、王正到王旷时，西晋发生"八王之乱"（290—306 年），历 16 年，死 30 万人。就在这战乱岁月的公元 303 年，王旷夫人（夏侯夫人）生下第二个儿子，取名羲之，字逸少，后来又号澹斋。

　　王羲之小时候和祖母、母亲等长期居住在南仁里。他练字十分刻苦。据说他练字用坏的毛笔，堆在一起成了一座小山，人们叫它"笔山"。他家旁边有一个小水池，他常在这水池里洗毛笔和砚台，后来小水池的水都变黑了，人们就把这个小水池叫做"墨池"。因此，后人有"笔山与墨池，写染一池水"之说。

　　王羲之书法艺术能够达到"尽妙穷神，作范垂代，腾芳飞誉，冠绝古今"（唐欧阳询《用笔论》）的高度，除了特定的社会历史条件外，其家学渊源、名师指教、同道习染等直接环境，也是重要原因。王氏家族的巨大的政治权势，造就了浓厚的文化氛围。琅玡王氏可谓一门墨香，书法系琅邪王氏的世传家学，不仅渊源有自，而且个个不同凡响，名家高手不乏其人。

　　"竹林七贤"之一的王戎，"所造渊深，一出便在人上"；王导是王羲之父辈中的核心人物，他长期掌握着东晋大权，历元、明、成三帝，是权倾朝野的元老。王导的夫人（夏侯夫人）是王旷夫人的亲妹妹，是王羲之的姨母，王导既是王羲之的姨父又是远房叔父，两家特别亲热，常往返串联，王羲之青少年时代常羡慕姨父"右军"这官衔。王导"亦甚有楷法，以师钟、卫，好爱无厌。丧乱狼狈，犹以钟繇《尚书宣示帖》藏衣带中。过江后，在右军处"（南朝王僧虔《论书》）。王导行、草兼妙，"见贵当世"。

　　王羲之的从伯父王敦为扬州刺史，亦善书法。王敦"初以工书得家传之学，其笔势雄健，如对武帝击鼓，振袖扬袍，旁若无人"。

　　王羲之之父王旷以"善隶书、行书"而远近闻名。历官丹杨太守、淮南内史、淮南太守。虽然多年在外，后又早逝，但对王羲之的书法，也不无教诲。

在书法上对王羲之影响比较大的是他的亲叔父王廙。王廙在晋代具有十分重要的地位，后人评"右军之前，唯廙为最"，王羲之之前，书法最好的就是王廙。王羲之幼年失父，常受王廙督导。因此可以说：王廙不仅是他的书法老师，也是他的精神教父。自渡江后，王羲之便随叔父王廙学书，在叔父的指导下，他的书法造诣得到极大提高，并为后来开创"流美"书风奠定了良好的基础。

王廙（276—322 年），字世将。东晋著名书法家、画家、文学家，也是一位屈指可数的音乐家。王廙是丞相王导的从弟、晋元帝司马睿的姨弟，并与王导一起倡导晋室南渡。为晋明帝的图画老师，他初仕晋惠帝为太傅掾，转任参军。建武初年，擢升为辅国将军，封武陵县侯，历任尚书郎、散骑常侍、左卫将军等职。晋元帝永昌元年（322 年），王敦以王廙为平南将军、荆州刺史，所以世有"王平南"之称。他死于322年，谥曰康，享年仅47岁。

王廙高朗豪率，性情倨傲，多才多艺，好学能文，工书、画，晓音律，对射御、博弈、杂艺等也无所不通、无所不晓。但其成就主要表现在书法和绘画方面。王氏宗族当时不少后人：侄子王羲之、王彪之，儿子王胡之，从孙王献之，曾孙王裕之，玄孙王韶之，都曾在他的熏陶和影响下，成为有名的书法家、画家。

对于王廙的书法艺术和绘画艺术，历来就有所评，而且大多赞誉他博学多识，在艺术上造诣精深，号称江东"书、画第一"（张彦选《论画·叙师资传授南北时代》）。在书法方面，他"工于草、隶、飞白"（张怀瓘《书断》，下引同），其飞白

志气极古。当时人称"王廙飞白，右军之亚"。并说他"飞白入妙，隶入能"。王廙善画人物、故事、鸟兽、鱼龙。

当时镇军谢尚于武昌昌乐寺造东塔，戴若思造西塔，并请廙画。他曾画《孔子十弟子图》，付与王羲之并勉励他说："画乃吾自画，书乃吾自书，吾余事虽不足法，而书、画固可法，欲汝学书则知积学可以致远；学画可以知师弟子行己之道。"（张彦远《历代名画记》）可以说，这就是强调和张扬个性的宣言，这也是他给王羲之最本质、最重要的教导。

王廙不仅书、画名重一时，而且有理论，他是继汉代的蔡邕之后又一个将书、画等艺术相结合的人。其绘画理论，提出了书画创作要"行己之道"，即所谓不因袭前人，要闯出自己的道路。王羲之正是遵循他的这一创新原则，在广泛学习借鉴前人优秀成果的基础上，努力创新，作到承前启后，继往开来，使书法艺术到晋代为之一变，开创了一代书风。

王廙所树立的自画、自书的理论，在当时的具体历史条件下，有着积极的影响和深远的意义，推动了书法艺术和绘画艺术齐头并进的发展趋势，促进了两者之间的结合渗透关系，并融合了诗、文。特别到宋、元时代，中国文人画讲究题跋，要求既有一手好画，又有一手好字，而且能诗善文，将书法题跋纳入画面，构成均衡统一之势，在对比中成为有意识的布局。这与王廙的倡导和影响是分不开的。

王廙还是一个大音乐家。据《历代名画记》记载，他"音律众妙毕综"。他的音乐造诣在当时颇为精深。王虞死后，赠侍中、骠骑将军。《隋书·经籍志》著录有集34卷，均佚。王廙的文化修养颇有儒家风范。《文字志》说："羲之少朗拔，为叔廙所赏。"王廙的山水画，开启东晋山水画风气的先河。王羲之亦善画，就是得益于王廙的教授。王僧虔《论书》记载："王平南廙，画为晋明帝师，书为右军法。"

王羲之二十岁时，王廙去世。永嘉（晋怀帝司马炽的年号）中，他曾将索靖《七月二十六日帖》，折成4叠缀衣中以渡江，爱之如命。去世前，他把自己珍藏已久的索靖章草手迹《七月廿六日帖》送给王羲之。可见他对羲之的疼爱和期望。

王羲之从叔父王导那里得到了钟繇的《宣示表》楷书真迹，又从叔父王廙那里得到索靖的《七月廿六日帖》章草书妙品，真正见识了书法真谛，承袭了上流社会正统的书风。所以他后来评论书法时曾脱口说出："顷寻诸名书，钟、张信为绝伦，其余不足观。"

师从卫铄，智得"枕秘"

关于王羲之幼年学书法，有许多有趣的记载。他7岁那年，拜女书法家卫铄为师学习书法。明陶宗仪《书史会要》卷三记载："旷与卫氏，世为中表，故得蔡邕书法于卫夫人。"可见王旷与卫铄也是亲戚，她做王羲之老师，也顺理成章。

卫铄即历史上著名的卫夫人，江州太守李矩之妻。她出身书法世家，是曹魏时期大书法家卫觊的从孙女、卫瓘的从女、廷尉卫展的妹妹，家学渊源极深。唐代书法评论家张怀瓘说她"隶书犹精，规矩钟公"。形容她的字如"碎玉壶之冰，烂瑶台之月，婉然芳树，穆如清风"。

王羲之临摹卫书一直到12岁。拜卫夫人为师，使小羲之练就了扎实的书法功底，为后来打下良好基础。卫铄在辅导王羲之学书法的时候，经常会给他讲历代书法家勤学苦练的故事。

有一次卫铄讲到"张芝临池"的故事：

东汉时在敦煌酒泉一带，有位书法家名叫张芝。他在学习一种叫"章草"的字体的基础上，创造出了"今草"，对草书字体的发展作出了很大贡献，被后来的人们尊称为"草圣"。

张芝年轻的时候就特别喜爱书法，每天都要挥笔写字。他家后花园有个小水池，他就每天在水池边的亭子里练字，刮风下雨，从不间断。有一次，张芝生病了，妻子劝他说，今天就别写了，早点歇息吧。张芝回答说："这点小事就中断写字，不好。"张芝每次练完字，都会用池子的水冲洗毛笔和砚台。因为长年累月练字，水池里的水慢慢变得墨一样黑。后来人们用"学书临池，池水尽黑"这句话称赞张芝刻苦练习的精神。因为张芝习惯在水池边写字，后来"临池"就成了人们练习书法的代称。

王羲之听得津津有味，还把张芝临池的故事记下来贴在墙上，决心以张芝刻苦精神鼓励自己，认真学习书法。

卫夫人晋穆帝永和五年（349 年）去世，年七十八。《西溪丛语》中记载："卫夫人，王逸少师。善钟法，能正书，入妙能品。王子敬年五岁，已有书意，夫人书《大雅吟》赐之。"这里的子敬，就是王羲之的儿子王献之。看来，卫夫人不仅做过王羲之的老师，还教过他儿子。

永嘉五年（311 年），匈奴刘聪率部刘曜、石勒等大举南侵，攻陷西晋都城洛阳，俘获怀帝司马炽和惠帝皇后贾南风，永嘉七年（313 年），司马炽被毒死在平阳（今山西临汾西），晋愍帝司马邺继位，江北逐渐不安定起来，社会动荡，人心惶惶。

琅玡王司马睿开始在江南招揽人才，北方士族大批往南迁居。这一年，司马睿的母亲夏侯太妃去世，司马睿回江北奔丧。于是，临沂王氏诸大族家眷便随同司马睿返回建康（公元313年，为避愍帝司马邺讳，建业改名建康）。

在临沂都乡南仁里度过了十一年童年生活的王羲之，也和母亲及家人等一起南迁至会稽山阴（今浙江省绍兴市）。他家原来的旧宅则成了佛寺，佛寺历经兴废，伪刘豫时易名普照寺，沿袭至今。1990年后由政府投资400余万元，修复了王羲之故居。

书法与文化教育联系在一起，当时的平民百姓没有受教育的机会，缺少文化，更谈不上有什么书法家。而士族中的人文化程度较高，自然书法家全集中在他们中间。北方士族南迁，北方的书法也随之带到了江南。这就是书法史上常说的"渡江"。由于交通等原因形成的两大书派，这次得到了会合与交融，促进了书法艺术的发展，并为书法新秀的成长营造了一个良好的环境。

王羲之幼年时言语不畅，有"涩讷"之疾。父亲王旷和母亲虽然着急，也曾私下求医问药，均不见好。虽然王羲之自小说话迟钝，讷不出口，但他性格沉稳，遇事不慌。《世说新语》中有个小故事：

王羲之少年时期，深得从伯父王敦的宠爱，常带他到军营里玩。王羲之尽兴后便在军帐中休息。

王羲之10岁时的一天，王敦又带他到军帐中，并在那里留宿。早上王敦先起来，王羲之还在熟睡。王敦出去了片刻，便与钱风回到帐中商议谋反叛乱之事。王羲之被诡秘的谈话吵醒，无意中听到了他们的谋反谈话。这可是天大的秘密。如果自己被发现，绝不能生还。于是，王羲之佯装睡熟。

钱凤发现王羲之在军帐中睡觉，大吃一惊。他质问王敦："他怎么睡在这里？如果被他听到，传出去你我得砍头。"说着猛然拔出腰刀。

王敦是个杀人如麻、心狠手毒的人，但他却伸手拦住："你瞧，孩子睡着了，怎么能听到呢？"

钱凤仔细观察王羲之，发现他的口水顺着嘴角都流在了被褥上。不由得嘿嘿笑道："这个小家伙，睡得真死。"钱凤说完，把腰刀又放了回去。

王羲之以自己的聪明机智，临危不惧，躲过了致命一劫。这则故事如果不是后人有意杜撰，就能反映出一点信息，王羲之大智若愚的性格自小就已经初见端倪了。

王羲之渐渐长大，就在王旷夫妇心怀幽怨、绝望之际，他的"涩讷"毛病竟慢慢好了。到后来，王羲之竟然与先前截然相反，变得"辩赡"，能言善辩了。这令王旷夫妇欣喜若狂，直感谢老天开眼，降福家门。

王羲之自小求知欲很强，善于思考，对什么事都想探个究竟。据记载：

> 晋王羲之，字逸少，旷子也。七岁善书，十二见前代《笔论》于其父枕中，窃而读之。父曰："尔何来窃吾所秘？"羲之笑而不答。母曰："尔看用笔法？"父见其小，恐不能秘之。语羲之曰："待尔成人，吾授也。"羲之拜请："今而用之，使待成人，恐蔽儿之幼令也。"父喜，遂与之。不盈期月，书便大进。

晋朝王羲之，字号逸少，是王旷的儿子。7岁就擅长书法，12岁看见《笔论》，便从他父亲的枕中偷出来读。

父亲说："你为什么要偷我的秘籍？"王羲之笑着却不回答。

母亲问："你看的是用笔之法吗？"

父亲因为他年纪太小，怕他不能领悟其中的奥妙，且不能守住笔帖秘密，就告诉王羲之说："等你长大成人后，我再传授给你。"

王羲之跪拜说："现在就让我看用吧，倘使等到我成人，恐怕会埋没幼年的才华。"

王旷很惊奇儿子的这番言论，认为儿子虽然年纪小，但胸有大志。于是就把书给了他，还认真地给他讲解。王羲之有了扎实的临摹功夫，又有了《笔论》作指导，不到一个月，书法就有了很大进步。

卫夫人看到王羲之的书法，对担任太常官的王策说："这孩子一定是看了《笔论》，最近我看他的书法已有了老成稳重的风格。"卫夫人还流着泪感叹说："青出于蓝而胜于蓝，这孩子将来一定会比我还有名。"

蔡邕的《笔论》可不是一般的书法著作，它流传于后世颇为神奇。蔡邕是东汉陈留园（今河南杞县）人，官至左中郎将，人称"蔡中郎"。"蔡邕飞白得华艳飘荡之极，字之逸越，不复过此。"《笔论》便是他的著作，是一本传授笔诀，进行书法启蒙教育的学习真书、行书的好教材。

首先得到密传的是蔡邕的女儿——在历史上大名鼎鼎的蔡文姬，其次是韦诞，后来钟繇"苦求巨法，诞不予"。韦诞死后，将《笔论》带进坟墓。钟繇无奈之下，密令将韦诞的坟墓掘开才得到《笔论》。钟繇从书中得知，"多力丰筋者胜，无力无筋者病。"写字要有力，写出的字要筋骨饱满才能胜出。如果写出的字无力无筋，就像人生病一样，绝不会好看。得到《笔论》宝典后，钟繇的书法面貌发生了很大的变化。

世事轮回，钟繇最后也走了与韦诞同样的道路，他并未将密传的《笔论》公之于世，而是在死后将此书也带进了棺材。

钟繇死于 230 年，时间一晃就是五十五年，到了公元 285 年，钟繇的学生宋翼用他老师的方法挖开钟繇墓，将蔡邕密传的《笔论》抢救出来。宋翼遵循书中的笔法进行创作，名声大振，还写了续集。

此时宋翼至少 70 岁多了，卫夫人 12 岁左右。大约又过 30 年，才传到大王手中。起初是王旷得到《笔论》，后交给卫夫人以授王羲之，这就是所谓的"枕中秘"。

羲之爱鹅，周顗赠牛心炙

小孩子大都有自己的特殊爱好，王羲之少年时也有自己的爱好，只是他与普通孩子以玩乐为目的的爱好不同。

据说，王羲之小时候学习书法，总也练不好，挨了父亲的训斥。他苦闷地跑出家门，在一个池塘边哭泣时，无意中一抬头看到了池塘中有只大白鹅。白鹅高昂着头，弯弯的脖颈，时而振翅飞起，时而钻入水下。无论是它的脖颈，还是振翅飞起的样子，都令王羲之想到他练字时的一笔一画。刹那间，灵光闪现，王羲之顿悟了学书法的诀窍，他兴奋得在池塘边又蹦又跳又唱又笑。

回到家里，王羲之立即写了几个字拿给父亲，王旷看后很满意，夸他终于开点窍了。

从此，王羲之每天都要到池塘边看大白鹅。为了能经常受到启发，最后王羲之干脆把大白鹅抱回家养起来。

从此，王羲之总是一边练字，一边观察大白鹅的一举一动。

他的书法技艺也因此突飞猛进。老师卫夫人问他，为何进步这样快？他笑而不答。

王羲之一生钟爱鹅，不管哪里有好鹅，他都有兴趣去看，或者把它买回来玩赏。鹅是一种禽鸟，但它不是一般的家禽。从某种意义上说，它还是美的化身。养鹅，不仅可以陶冶情操，还能从鹅的体态姿势上领悟到书法执笔、运笔的道理。王羲之从鹅的步履沉稳、鸣声清越、举首展翅的疏朗飘逸中，体会书法结体中疏密、开合的种种奥妙，从鹅的优美线条中获取灵感，将书法艺术融会到美好的生命里。

少年王羲之机敏过人，与一般士族之家的纨绔子弟截然不同。公元316年，王羲之年仅13岁，从叔父王导带着他去拜谒尚书周顗（269—322年）。正是这次偶然机会，使王羲之名声大振。

周顗，字伯仁，是当时的名士，同样因为江北战乱加剧，也来投奔建康。周顗属于性情中人，喜怒哀乐，形于颜色。相传北方名流每至景气和畅，便相邀新亭，集会饮宴。周伯仁触景生情说："风景不殊，正自是山河之异。"他感叹山河零落，背井离乡，引得在座人相视流泪，泣下满襟。

周顗官拜礼部尚书，乐善好施，为人慷慨，不拘小节，所以当时享有极高的威望，颇受世人敬仰。他识才爱才，竭尽全力推荐人才。由于他在朝廷一言九鼎，所以经他褒奖推荐得到重用的人很多。当时的文人学士，群趋而至，都想得到他的点拨赏识。

王羲之来到周顗府上，只见华堂满座。周顗正在设宴款待宾客，经过从叔父引见，周顗见到了王羲之，他通过一番深入交谈，"察而异之"，感到这位少年才学超群，将来必成大器。

牛心炙是当时"属洛京名肴",是一种名贵的菜肴。宋代虞侍诗说:"客来愧乏牛心炙,茶罢空堆马乳盘。"用牛心炙招待客人,具有礼仪性质。人们重视吃牛心炙,说吃了可以补心。按礼节,牛心炙须由主人亲自切割分送,第一块一定要献给最尊敬的客人。

周顗在众多客人没有动筷子之前,先割牛心炙给王羲之品尝。这一举动震惊了满堂宾客,大家顿时对面前这位外表普通的孩子刮目相看,纷纷打听这孩子姓甚名谁,有何来头,有何与众不同之处。这一下就把王羲之变成了"新闻焦点"。

周顗因王羲之的关系,与王家结下了深厚的友情。周顗认为:王导有管仲遗风,而他的侄子王羲之有廉颇、蔺相如的气度。可惜,后来周顗的结局却并非人们想象得那样美好,这也和王家有关。

王门三少,希望之星

少年王羲之深为从叔父王导、族伯王敦器重。周顗首赠王羲之牛心炙一事传到王敦耳朵,王敦兴奋地指着王羲之说:"汝是吾家佳子弟,当不减阮主簿。"

阮裕,字思旷,是一位博学多才、仗义豪爽、"兼有诸人之美"而很有作为的青年,是年轻人成长学习的典范,当时任王敦帐下主簿。在王敦眼中,他的侄子王羲之与其相比,却没有任何逊色之处。当时阮裕已是青年,羲之却是一个少年,羲之经过一个阶段的成长,在才智方面超过阮主簿是毋庸置疑的。可见,王敦对羲之不但宠爱而且寄予厚望。

阮裕阮主簿对王羲之更是推崇备至,他将王羲之、王承、王悦并列称为"王门三少"，并表态说："等你长大成人的时候，我会教授你学业。"

王羲之立即拱手拜道："愿早授之，使得成人已为暮学。"但愿您早一些传授我知识，不要等到我成人再学，已经晚了。

《晋书·王羲之传》所指"王氏三年少"为王羲之、王承、王悦三人。《世说新语·赏誉》所指"王氏三年少"为：右军、安期、长豫。右军、长豫分别是王羲之，王悦的别称，安期同是王应的别称、王承的表字。王应是王含的儿子，后过继给王敦。王悦是王导的儿子，他们是同辈人，年岁相差不大。

而根据《晋书·王湛列传》，"王承，字安期……寻去官，东渡江，及至建邺，为元帝镇东府从事中郎，甚见优礼""承少有重誉，而推诚接物，尽弘恕之理，故众咸亲爱焉。渡江名臣王导、卫玠、周顗，庾亮之徒，皆出其下，为中兴第一。"可见，王承是王羲之叔父王导的同一代人。他并不能算在"王门三少"之列。

魏晋时书风很盛行，尤其在上流社会、世族大家庭中，善书者不乏其人，各有所长，异彩纷呈。王羲之在成长过程中，能与同辈中人互相切磋，兼容并蓄，对自己书艺水平的提高大有裨益。

能和王羲之切磋书艺的，首先是王氏族中子弟。其兄王籍之比王羲之年纪大得多，在王羲之还幼小时，王籍之已先后为世子友、太子文学、侍中，他对王羲之的书艺有很大帮助。

同王羲之一起被阮裕誉为"王氏三少"的王应和王悦，也是同辈中书法的佼佼者。王羲之的从弟王洽，书法成就更大，"众书通善，尤能隶、行"。他与羲之在书法上互相熏陶，俱变古形，成就卓著。王羲之的从兄弟王恬亦"善隶书"。

汉魏以来书法艺术高度发展，名家辈出，已经为"书圣"的产生造就了一个时代的大气候。王羲之生活环境中的父兄、师长、亲戚、朋友极盛的书风，使他获得了得天独厚的条件。

心骄气傲，洛中问道

人取得了一点成绩，就容易骄傲自满，王羲之也不例外。少年时代，他的书法已笔锋初露，震惊方圆百里。一时间赞扬声不绝于耳，王羲之禁不住飘飘然了。这一天，王羲之去赶集，见一家饺子铺门口人声喧哗，热闹非常。他注意到门旁有副对联："经此过不去，知味且常来"，横匾题记"鸭鸭饺子铺"。这副对联虽然内容很有点儿气魄，但字却写得太差。

王羲之把嘴一撇，就这两笔刷子也就只配在这等小门脸前献丑！但他再琢磨那副对联的口气，不禁暗想，什么人的买卖，竟如此狂妄！我倒要领教领教。于是走了进去，只见店铺内矮墙旁有口大锅，包好的饺子好似一只只白色小鸟，一个接一个地越墙而过，不偏不倚正落入滚沸的锅中。饺子铺的伙计，忙前忙后招呼着顾客。

王羲之掏出一些散碎银两，要了半斤饺子，然后坐下。这时他才发现，饺子个个玲珑精致，好像戏水鸭子般巧夺天工。夹起一个慢慢送到嘴边，轻轻一咬，顿时香气扑鼻，鲜美溢口。不知不觉间一盘饺子下肚了。这鸭鸭饺子果然名副其实，只是那副对子写得太拙劣，我何不乘机露一手，为他们另写一副，也不辜负这一顿美味。想到此，他便问店伙计："你们店主人在哪里？"伙计指了指矮墙说："回相公，店主人就在墙后。"

绕过矮墙，王羲之看到一位白发苍苍老太太端坐在面板前，一个人又擀饺子皮，又包饺子馅，动作娴熟。更令人称奇的是饺子包好之后，老人随手向矮墙那边一抛就落入锅中。王羲之对此惊叹不已，忙上前问："老人家，您这功夫，需得多长时间才能练成？"

老太太答道："熟练需五十载，要深练需一生。"

"您的手艺这般高超，为什么门口的对联，不请人写得好一点呢？"

老太太气鼓鼓地说："相公不知，并非俺不愿意，只是不好请呐。就说那个刚露了点脸儿的王羲之吧，都让人给捧上天了，说句大实话，他那写字的功夫，远不如我包饺子的功夫深呢！常言说得好，山外青山楼外楼，人人都应争上游，一次上游就骄傲，下回定会人后头！"

老太太一席话，说得王羲之面红耳赤，羞愧难当。他恭恭敬敬地给老人写了一副对联。从此这家鸭鸭饺子铺就挂上了王羲之书写的对联，买卖越来越兴隆。王羲之本人也更虚心刻苦地习书练字了。

第三章

东床快婿 情感世界

"东床快婿"成为千古美谈，直到今天仍为人们津津乐道。但很少人知道王羲之的妻子是"女中笔仙"，不但书法水平很高，而且相貌端庄，性情温柔。王羲之与太尉郗鉴之女郗璇结为夫妻，相濡以沫，夫唱妇随，相伴一生。他们和谐稳定的家庭生活，为王羲之专心从事书法艺术创作营造了良好环境。他们的儿子王献之也是大书法家，与其父合称"二王"，在书法界亦被传为美谈。

有个太尉叫郗鉴

公元 309 年，王羲之的父亲，淮南内史王旷率军北上、驰援并州，与刘聪交战，结果全军覆没，与他同行的施融、曹超两位将军阵亡，王旷被俘。从此行踪史无记载。关于他的下落，后人曾有多种猜测。

这一年，王羲之刚 7 岁。父亲在孩子的成长过程中，往往扮演着重要的、无可替代的角色。父亲的突然消失，使王羲之成了单亲家庭，给王羲之幼小的心灵投下了极大阴影，以至于他不愿在叔伯堂兄弟中间提及有关父亲的任何话题。他的性格也渐渐显得不很合群。

渡江之后，从叔父王导改任安东将军，考虑到堂兄王旷家中无人照顾，他经常从建邺来到王羲之他们居住的无锡，探望自己的大姨子和外甥。王羲之在家中学习书法，有时也会随母亲去建邺走亲访友。

此时，叔父王廙成为王羲之的书法老师和精神导师，在王羲之心目中，王廙逐渐取代了父亲的位置。王廙对王羲之影响很大，他们叔侄之间有着非常深厚的感情。后来，从王羲之的言谈举止中，人们仍可以看到其叔父王廙的影子。

公元 316 年，司马邺投降匈奴，西晋亡。317 年，刘聪杀司马邺。在江南的建邺，琅玡王司马睿即晋王位，改元建武元年，史称东晋，拜王导为右军将军兼扬州刺史，监督江南诸军事。318 年，即东晋元帝司马睿大兴元年，拜王导为丞相，封骠骑将军，仪同三司。

岁月飞逝。王羲之在墨池边读书写字，不知不觉中一转眼，时间已经来到晋元帝永昌元年（322 年）。这一年又发生了许多事情。正月，王羲之的从伯父王敦在南昌起兵，东进建康，叔父王导率宗族包括王羲之在内共 20 余个年轻人，每日早晨早早到元帝大殿外请罪，史书记载"旦诣台待罪"。不久后，王敦攻入石头城杀了那位曾经赠王羲之牛心炙的名士周颙，以及戴渊、刁协，刘隗仓皇出逃，投奔后赵。在位 6 年的晋元帝，不堪王敦羞辱，忧愤而亡，终年 47 岁。太子司马绍继位，为明帝。王导开始辅政。

这一年，王羲之 20 岁。叔父王廙去世。这对王羲之是个不小的打击。他为此曾经在深夜里哭醒过，甚至数月不曾提笔写字画画。伤痛中的王羲之并不知道，就在这时候，他会遇到自己人生的另一半。而他与妻子的相遇，既非浪漫邂逅，亦非媒妁之言，而是独特得足以流传千古。要说王羲之的爱情，必须先交代一位传奇人物，王羲之未来的岳父大人——郗鉴。

郗鉴（267—339 年），是高平金乡（今山东金乡北）人。少年孤贫，在乡下种地。闲时喜爱读书，博览经籍，吟咏不倦，并且以清节、儒雅著称。

晋惠帝时曾任太子中舍人、中书侍郎。洛阳陷落后，郗鉴聚集千余家，避难于鲁之峄山。司马睿以朝廷名义，命其代理龙骧将军、兖州刺史，镇守邹山。任职 3 年，治绩卓著。后又加官辅国将军、都督兖州地方的军事。

东晋永昌（322—323 年）初年，拜为领军将军。晋明帝初即位，王敦飞扬跋扈，朝廷形势岌岌可危。郗鉴被任命为安西将军、兖州刺史，管辖扬州江西等地军事，镇守合肥，作为外援。结果遭到王敦的猜忌，上表推荐他为尚书令。

王含、钱凤叛乱败亡之后，郗鉴被封为高平侯。迁为车骑将军，都督徐、兖、青三州军事、兖州刺史，镇守广陵。不久，明帝死，与王导、卞壸、庾亮等一起接受遗诏，辅佐少主。进位车骑大将军，开府仪同三司，加散骑常侍。

晋成帝咸和（326—334 年）年初，统领徐州刺史。327 年苏峻叛乱，带兵攻入建康。率军渡江，与陶侃等一起奋力平叛。因立战功，被拜为司空、加侍中，改封南昌县公。后来又讨平贼帅刘徵，官至太尉。与王导共同执掌朝政，成为社稷重臣。

早在永嘉之乱（八王之乱）时，郗姓宗族乡人共同推举郗鉴为盟主，率领着数万宗亲，一千余户人家避居峄山（今山东邹城）。西晋末年政治腐败，民不聊生，加上天灾，乡野树皮、草根都被吃得一干二净，郗鉴所在的乡间也不例外。

《世说新语》中有：

> 郗公值永嘉丧乱，在乡里，甚穷馁。乡人以公名德，传共饴之。公常携兄子迈及外生周翼二小儿往食。乡人曰："各自饥困，以君之贤，欲共济君耳，恐不能兼有所存。"公于是独往食，辄含饭著两颊边，还吐与二儿。后并得存，同过江。郗公亡，翼为剡县，解职归，席苦于公灵床头，心丧终三年。

意思是说：郗鉴在永嘉之乱（八王之乱）时期，住在家乡，生活很是困难，经常挨饿。乡里因为他德高望重，便商量好大家轮流供他饭吃。郗鉴经常带着哥哥的儿子郗迈和外甥周翼去吃。乡里说："各家自己也穷困挨饿，只是因为您的贤德，想合伙接济您就是了，不能兼顾这两个小孩。"郗鉴于是便独自去吃，吃完后总是两个腮帮子含满了饭，回来再吐出给两个孩子。后来他们都活了下来，一起到了江南。郗鉴死时，他的外甥周翼正任剡县县令，他立即辞职回去，在郗鉴灵床前尽孝子礼，寝苦枕块，守孝足足三年。

这件事在《晋书·郗鉴传》也有类似记载。到了江南之后，郗鉴呕心沥血对子女们进行教育，将他们抚养成人。可以说，郗鉴也是一位成功的教育家。

郗鉴的长子郗愔（306—378年），是王羲之的妻弟，善章草、隶、草书。王僧虔《论书》云："郗愔章草，亚于右军。"梁武帝评曰："郗愔书得意甚熟，而取妙特难，疏散风气，一无雅素。"郗愔是姐夫王羲之的精神同道。他们都是中年弃官，一起优游乡里，不愿参与官场争斗。《王羲之传》说"羲之书初不胜庾翼、郗愔，及其暮年方妙"，这里的"郗愔"就是这位"内弟"。这次辞官后，王羲之不再出仕；而郗愔后来经不住人家反复征召，又当了大官，直到去世。

🌫️ 坦腹东床的新郎

郗鉴为人正直，虽年逾半百，但家中还有个宝贝女儿郗璿。他想物色一个才貌双全的女婿，以解决女儿的终身大事。像天下所有父亲一样，郗鉴也希望为女儿找个好人家好丈夫。此时的郗鉴正任兖州刺史，治所设在合肥，多年的韬光养晦生涯，使他手下拥有一支数量不小的队伍，成为一颗能够影响朝局的重要棋子。

王敦兵乱之后，晋元帝抑郁而死，太子司马绍继位，即晋明帝。当时明帝势单力薄，王敦身在武昌（后来迁往姑孰，姑孰包括以今日安徽当涂县为代表的马鞍山及芜湖等周边地区，当涂县城又叫"姑孰城"），心在建康，挟天子以令诸侯，双方关系十分微秒。明帝欲拜其为兖州刺史，都督扬州、江西诸军事，镇合肥，依靠其军事力量在外牵制阿黑王敦。王敦则意图架空郗鉴，上表要封其为尚书令，让他虽然身处高位，但无兵权，自然无法与自己抗衡。王敦和明帝在郗鉴方面的较量，以王敦的表面胜利而告终。

"东床坦腹"便发生在郗鉴赴建康任职之后。古时候，年轻人的婚姻大都由父母做主，所谓父母之命，媒妁之言。成亲之前，男女双方甚至不曾见过面，因此有人说这种婚姻为"先结

婚后恋爱"。王羲之和郗璇的婚姻虽然也由父母做主，却有一段佳话流传至今，为他们的爱情故事平添几分浪漫色彩。

在魏晋时期的上层社会，婚姻一般都带有政治色彩，特别讲究门第等级、门当户对，"先求族，后择人"，也成为郗鉴选婿的最佳方案。郗鉴把目光扫视过当时的王公贵族、大族世家，最后把目光落在了琅玡王氏家族。

东晋时期王氏家族可谓门第显赫，人才济济。丞相王导有儿子、侄子十余人，个个才貌俱佳。郗鉴考虑如果能从中遴选一位作为乘龙快婿，与王家联姻，岂不是珠联璧合的美事！于是，郗鉴一到建康便找机会和王导沟通。

这天早朝后，郗鉴把自己择婿的想法告诉了王导丞相。王丞相拍手笑道："这可是天降好事儿，我家子弟很多，您到家里来挑选吧，如果您相中了，无论是谁，我都双手赞成。"

于是，郗鉴便"使门生求女婿于导"，郗鉴命门生带上厚礼，来到王丞相家。

当时的王家子弟，大都住在王导府上，一起学习生活。王府的位置就在京都的乌衣巷。门生来到王导家，王丞相乐呵呵收下礼物，客气一番，便请他到东厢房自己去挑选。

郗家派人前来选女婿的消息，早已不胫而走。听说那位千金小姐相貌端庄，性情贤淑，多才多艺，王羲之这些堂兄弟们个个怦然心动，谁都想与这位京城少有的窈窕淑女匹配成婚，结成秦晋之好。他们穿上华冠鲜服，敷粉薰香。有的正襟危坐，有的埋头苦读。只有王羲之身穿半旧的衣服，在东厢房据床半卧，上衣敞开，微微露出凸起的腹部，左手持胡饼，吃相举止从容。右手还在衣服上比划着，宛如卓然世外，不闻世事。他的这一形象与其他兄弟的矫揉造作形成了鲜明的对比。

事出有因，原来这天王羲之在来相府的路上意外得到东汉著名书法家蔡邕的古碑后，一直沉迷其中，什么事都不放在心上，连相亲的事也忘了。当他急匆匆来到相府，又累又饿。因为天气实在太热，就随手脱掉外衣，在那里边吃胡饼，边品味蔡邕的书法，沉醉中竟然又习惯性地拿手在衣服上比比划划。

王羲之对选婿之事毫不在意的态度，给那位门生留下深刻印象。门生回到太尉府，立即向郗鉴大人如实汇报："王氏诸少并佳，然闻信至，咸自矜持。唯一人在东床坦腹食，独若不闻。"

门生说，王家那些年轻人一个个都很优秀，但是听说您选婿的消息，都表现得很矜持，甚至有些束手束脚不自然。只有一个人好像什么事也没发生，半卧在东床，上衣敞开，肚皮微露着吃胡饼。另一只手还在衣服上比划着，不知什么意思。

郗鉴是多聪明的人，他慧眼识才，当即拍手赞道："东床那位公子，必定是在书法上学有成就的王羲之。此子任性率真，胸襟豁达，内含不露，潜心学业，正是我中意的女婿。"

郗鉴又亲自来到王府，见王羲之既豁达又文雅，才貌双全，当场下了聘礼，决意要把心爱的女儿嫁给他。王导的其他儿侄子十分羡慕，称王羲之为"东床快婿"。从此，"坦腹东床"成了女婿的美称，"妙选东床"也被传为美谈。"东床快婿"又称"东床娇婿"、"东床娇客"等等。直到现在，人们说起来依然津津有味，不厌其烦。

太尉郗鉴之所以选中羲之为婿，固然与王羲之的不矫揉造作、纯真直率、风神潇洒，体现出一种超凡脱俗的品格有很大关系。但实际上并不仅仅如此，更重要的原因是，王羲之那时候早已名声在外，满腹经纶，学识渊博，特别是他的书法已崭露头角，受到人们的广泛好评。

王羲之的书法艺术和刻苦精神很受世人赞许。所以有人传说，王羲之的婚事就是由此而定的。郗鉴也是一位书法行家，在书法方面造诣颇深，他的女儿和两个儿子郗愔、郗昙，在书法上也都很有成就。郗鉴平时很注重名节，王羲之在诸多方面都非常符合他要求的标准，成为理想的女婿人选，理所当然，不足为怪。

从另外一个角度讲：东晋时代人的审美意识、审美标准都发生了很大的变化，崇尚个性自由，特别重视人格和人的价值，讲究潇洒、傲岸、放诞的风度美，素以"骨鲠"著称的名士王羲之，被选中也反映了一种时代时尚。

千百年来，人们一直将这个婚姻的机缘归结于王羲之的气度从容、不同凡响，和郗鉴的识人于牝牡骊黄之外，但是，如果我们要仔细追究，这其中还有许多值得推敲商榷的地方——

首先是为何与王家联姻？郗鉴自合肥至建康赴任途中，曾被王羲之从伯父王敦扣留了很长一段时间，对郗鉴明升暗降、削夺兵权也是王敦的主意，所以郗鉴自与王家接触，便处于潜在的政敌位置。而此时王家风头正盛，与王家联姻的最合理的解释可能是结交王家，打消王敦（包括王导）的顾忌和疑虑，但夫婿自然也不可能是王导、王敦一支了。

其次是羲之的衣着问题。既然王氏除羲之之外都衣冠整齐，说明如此梳妆符合当时的审美风尚，在特殊的场合精心打扮也是人之常情，那么羲之便属于特例。联系家世，自幼生活在父亲阴影之下的王羲之沉默寡言，显然对这种择婚不抱任何希望，绝望之后自然更加放开，愈有潇洒、傲岸、放诞之风。

最后是为何选中羲之？除去王敦、王导两支外，王氏人丁旺盛，尚有王邃、王舒等，当然希望最大还是王正的儿子王旷、王廙、王彬三人，他们与皇室关系最为密切。但唯有王羲之因家庭影响，自幼人格独立，相对游离于王氏的权势藩篱之外，并且成名较早，有真才实学，无疑成为郗家夫婿的最佳人选。

不论当时还是后人看来，这无疑是一次最佳的政治联姻。但它使王羲之从一个压抑的环境得到解脱，使其人格魅力得到释放，艺术才华也得到尽情的发挥，为最终成为一代书圣做了充分的铺垫。

女中笔仙，红袖相伴

郗鉴女儿名璇，字子房，书法卓然独秀，被称为"女中笔仙"。她熟读经书，是当时有名的才女。在童话故事中，大都是公主找到了心目中的白马王子。从此后公主与王子过上了幸福快乐的生活。郗璇与王羲之在艺术上珠联璧合，相得益彰；在生活上举案齐眉，相敬如宾。

王羲之和郗璇何时完婚，众说不一，至今已无从考释。按当时的习俗，豪门子弟一般18岁"牵丝为郎"，如秘书郎一类，实际上并非实职，挂名领薪水而已，在这时候定亲的比较多。因此推测，王羲之夫妇结婚应当在他正式任职前后。

郗璇确实是一位很有教养的贤淑女子，自幼受到了良好的家庭教育，父亲郗鉴为了教育好子女晚辈含辛茹苦，呕心沥血。两人婚后，爱情真笃。郗璇相夫教子，家庭美满。王羲之也能修生保真，钟情于妻。郗璇作为一个贤妻良母，夫唱妇随，以后几十年，王羲之仕途宦海沉浮，背后有一个郗璇，一个温暖的家，给了他强大的力量支持。她对王羲之成为中国历史上伟大书法家起了极其重要的作用。

王羲之夫妇共生有八个子女：玄之、凝之、涣之、肃之、徽之、操之、献之七个儿子都多才多艺，风流不羁，其中尤以王献之书法造诣最高，与王羲之并称"二王"。另有一女官奴，嫁与刘畅，生子刘瑾。

不幸的是玄之、官奴先后夭折。中年丧子，"黄梅不落，青梅落"，作为父亲"祠庶子哀摧"，王羲之夫妇当然悲痛欲绝。以致后来，王羲之每忆官奴，都忍不住泪湿衣襟。

王羲之在致益州刺史周抚的信中曾经说："吾有七儿一女，皆同生。"这话的意思即这八个孩子都是与郗璇所生。在贵族妻妾成群的那个年代，这么多儿女皆出一妻，实属罕见，故王羲之以"皆同生"引以为豪。

这是一个美满的婚姻爱情故事，千余年来为后人广为传唱。然而，历史的真实或许与我们的传说还有差距。关于王羲之的情感生活，这里不能不提及另一段鲜为人知的插曲：

早在公元316年，小有名气的王羲之做客尚书左仆射周顗（269—322年）家，宴席上周顗面对四坐赠牛心炙于羲之。此时，王羲之便开始与周顗爱女——美丽的周莹暗生情愫，两人书信来往，偷偷约会，难舍难分。

公元322年王羲之从伯父王敦攻入建康，杀了周顗。对周莹来说，杀父之仇，自然与王氏家族势同水火。她因此与王羲之情断义绝。两人恋爱六年，最终化为泡影。

东床选婿发生时，王羲之因失恋周莹，意志消沉，所以才对选婿事不理不睬，只管吃胡饼。东床选婿之后，王羲之返回无锡，禀告母亲，仍表示不同意郗家的婚事。后来经过母亲和

王导的再三劝说，一直拖到下半年重阳节才结婚。王羲之在结婚时见到郗璇，发现果真是闺秀美女，这才喜上眉梢，顿消前嫌。

尽管开始几经波折，但两人婚后和睦，直至终老，仍不失为一段佳话。

第四章

仕途风云　宦海浮沉

　　与二十几位堂兄侄弟相比，王羲之的青年时期有更多压力。虽然他的书法已经崭露头角，甚至可以说卓尔不群，但他的仕途生涯从一开始就并不顺利，这多少与他父亲王旷的失踪、从叔父王敦的叛乱，以及他的家族有关系。人生有些事情自己可以做主，但也有许多事情，比如时代浪潮、社会环境等，都是一个人很难决定的。年轻的王羲之就这样摇摇摆摆地踏入仕途，他曾试图努力把握命运，但宦海浮沉，风云变幻，又有几人能侥幸掌控一切呢？

秘书郎之谜

　　明帝太宁元年（323 年），王羲之 21 岁。从叔父王导为司徒，郗鉴为尚书令。太宁二年（324 年）王羲之 22 岁。六月，王羲之从伯父王敦再次反晋，王导、郗鉴等联手讨伐他。七月王敦病逝，其手下的官兵都做鸟兽溃散。

太宁三年（325年），明帝卒，5岁的太子衍继位，为晋成帝。庾氏太后（庾亮的妹妹）临朝。王导、庾亮辅政。王羲之经母亲和大哥王籍之劝说，终于踏上仕途，任职于秘书郎就在这一年前后。

秘书郎的主要任务是整理和校阅宫内文库的图书。东晋时期，秘书郎、著作郎一般都是贵胄子弟初涉仕途所选的职务。如果过早或较晚出仕，则标明"弱冠"或说明具体年龄，比如庾亮少有美誉，其传记中记载："年十六，东海王越辟为掾。"王羲之的妻弟郗昙出仕比较晚，他的本传中说："年三十，始拜通直散骑侍郎。"

王羲之出仕没有写"弱冠"，也没有指出初次任职的年龄，综合其他材料推断，他任秘书郎大约在太宁三年（325年），王羲之应该是23岁。东晋时期许多贵族子弟，年龄很小就获得官衔进入仕途了。例如王导、王含诸子都是弱冠出仕，唯独王羲之在他23岁左右才任秘书郎之职，为什么会这样呢？

在此，有必要先说一说王羲之的生身父亲王旷。王旷是晋元帝过江"首创其议"的重要人物。因为当时北方战事频繁，他便和琅琊王氏里的王导、王敦一起，进行策划退路和经营江南的打算。

当年，王敦与王导和一批亲信关门秘密议事，王旷因为晚到，被卫士拦在门外不让进。王旷大怒，厉声嚷道："方今天下大乱，你们策划于密室，真有什么不可告人的目的吗？不让我进屋，我现在就去告发你们。"

王导、王敦听说王旷在外面大声嚷嚷，赶紧吩咐手下请他进来。于是众人遂"建江左之策"。据说，在东晋建立的全过程中，王旷"功当不在王导之下"。然而王旷在晋书上却无传，只在王羲之传中顺带一笔"父旷，淮南太守。元帝之过江也，旷首倡其议"。

在王氏家族中，王旷这一支与琅玡王司马睿最亲，兄弟三人王廙、王旷、王彬是司马睿的姨家表弟。《晋书》肯为王廙、王彬立传，但偏偏不给王旷立传。很多文献更是对王旷特别是他的晚年更是避而不谈，即使有记载也有意淡化，似有难言之隐。

王旷最后的官职是淮南内史。有人说他在永兴三年（305年）的陈敏之乱中，弃官出逃。根据文献记载，公元309年，王旷受命救援上党之役失败，便无下文。因此，后人推测他没有战死，也没有逃回，而是像他的堂兄王衍投降石勒那样，兵败被俘，投降了刘聪，所以从此便杳无音讯。

由于有亲戚这层关系，琅玡王司马睿有意将王旷的真情隐匿起来，也不许别人提起。但世上没有不透风的墙，当时知道此事的人并不少，为了防止朝野疑义，所以朝廷乃至王导，都迟迟不肯让王羲之出仕做官。

如果这种说法成立，那么后面的一些事实就没法解释：王羲之"于父母墓前自誓"，可见他父母死后是合葬。王旷如果真的投降了刘聪，又怎么能与妻子合葬在一起？这些疑问还有待进一步证实。

王羲之在《誓墓文》中曾说："羲之不天，夙遭闵凶，不蒙过庭之训。母、兄鞠育，得渐庶几。"不天，即丧父；闵凶，即凶丧。我们由此可知：王羲之不仅没有得到父亲的"庭训"，而且是依靠母亲和兄长抚育成人的。

现在来看，王旷的所作所为，的确在某种程度上影响了他

儿子的仕途。

诣阙待罪，王敦之乱

更为不幸的是，在王羲之20岁时，王氏家族中发生了一件震惊朝野的大事。这件事情对他后来的影响丝毫不亚于父亲兵败投敌，同时这件大事还引起了东晋朝局前所未有的大动荡。

司马睿当初镇守江东，人微言轻，势力根本不足以威慑江左。真心追随他的王旷离他而去，更是雪上加霜。幸而王导、王敦等其他王氏家族成员倾力辅佐，王导导演"观禊出游"，将顾荣、纪瞻、贺循等收至琅玡王麾下。再加上王导提倡的广招能士的政策，江北名流也纷纷南下，这使建康人才济济。王敦等人又率兵左突右冲，不但平定江东，也抵御了石勒、刘聪的南侵。新继位的晋愍帝司马邺不得不倚重于逐渐壮大的建康力量，封琅玡王司马睿为左丞相。

公元316年，刘聪再次攻陷洛阳，活捉司马邺。司马睿称晋王，宣布代摄朝政，次年登基，即晋元帝。王氏家族的鼎力相助，令司马睿发自肺腑的感激。举行大典时，晋元帝甚至手挽王导，要和他一起接受百官朝贺，经过王导一再推辞方才罢休。但自此以后，王氏兄弟权倾朝野。

五年之后，江东帝业逐渐巩固。虽然偏安江左不比一统宇内，但无上的权力和名号也足够令人垂涎。为了实现势力的再分配，原来精诚辅佐元帝的亲贵们关系开始分化。王家大权炙手可热，王导把持朝政，王敦统领军事。尤其是王敦，生性残忍暴烈，飞扬跋扈。

相传在洛京（西晋时的洛阳，汉魏故城，历晋武帝至晋愍帝共四帝，265—313 年）时，石崇宴请宾客，常令美女劝酒，如果不能劝客人全饮，便会被推出斩首。王导平素不善饮酒，所以大醉。王敦故意推辞，三个美女被斩后，颜色如故。王导劝他，他却说："自杀伊家人，何预卿事？"同是王敦，酒后，入石崇家的厕所，呼唤数十个侍婢为他脱衣、换衣、着新衣，面不改色，神态自若。连侍婢背后都说："此客必能作贼。"有如此的重臣辅佐，宛如枕边放着一颗炸弹，随时都有爆炸的可能。

王氏家族因在建立东晋过程中发挥了很大的作用，所以有"司马与王共天下"之说。王氏家族日益兴盛强大，握有军政大权，这对朝廷构成威胁，成了皇帝的心腹大患，后来皇帝开始慢慢地对王导"亦渐疏外"，而将刘隗、刁协视为心腹，想用他们的权势牵制王氏家族。

刘隗是一个势利人物，又精通文史，常引经据典为其所用，诋毁公卿，弹劾他人。而刁协性情刚悍，与刘隗狼狈为奸，两人常密谋策划，投皇帝所好，谄上骄下，他们做官经商大发其财，农田万顷奴婢数千，引起许多人的不满。

刘隗、刁协专权用事在皇帝面前疏间王氏，王敦、王导气愤不平，曾多次上书，皇帝由于偏听偏信不加采纳。王敦在酒后曾经吟诗："老骥伏枥，志在千里，烈士暮年，壮心不已。"更加深了皇帝的戒心。

王敦曾对刘隗曾直言不讳地数落："邦佞谄媚，谮惑忠良，疑惑圣德，遂居权宠，扰乱天机，威福自由，有识杜口。大起事役，劳扰士庶，外托举义，内自封植，奢僭过制"，"倾尽帑藏，以自资奉，赋役不均，百姓嗟怨"，"自从信隗以来，刑罚不中，街谈巷议，皆云如吴之将亡。闻之惶惑，精魂飞散，不觉胸臆摧破，泣血横流。陛下当全祖宗之业，存神器之重，察臣前后所启，奈何弃忽忠言，遂信奸佞，谁不痛心！愿出臣表，谘之朝臣，介石之几，不俟终日，令诸军早还，不至虚扰。"

王敦与刘隗、刁协之间矛盾冲突发展到白热化程度。永昌元年（322 年）王敦再次上表，皇帝勃然大怒："王敦凭恃宠灵，敢肆狂逆，方朕太甲，欲见幽囚，是可忍也，孰不可忍也！今亲率六军，以诛大逆，有杀敦者，封五千户侯。"

王导性格内敛，深藏不露，"任真推分，澹如也"（《晋书·王导传》）。王敦却眼睛里揉不下一粒沙子，想到鸟尽弓藏、兔死狗烹的历史教训，他就按捺不住，铤而走险，举起"清君侧"的旗号，讨伐刁协、刘隗。他在武昌起兵，顺江而下，从东、西两路夹攻建康。

叛乱大罪，不可饶恕，连坐、籍没、夷族，王氏家族都可能全被杀光。无奈之下，每日清晨，王导脱去官服，亲率王氏在朝中为官的堂弟及宗族子侄二十余人，这其中当然也包括王羲之，齐刷刷地入朝请罪，向皇帝表明他们与王敦仅仅是血缘关系，至于王敦"逆节"，其他人根本没有参与，而是无故受牵连。

刘隗、刁协平时专横跋扈，现在更是认为消灭王家势力的时机已经成熟，多次连续上书皇上要求将王氏满门杀绝，斩草除根。

考虑到王导是东晋的开国元勋，对朝廷忠心耿耿，平时尽忠职守，此时态度诚恳，更重要的是万一王敦得势，威胁到朝廷和皇帝本人安全时，还可以作为一个讨价还价的筹码，王导为人宽厚，说不定在大动乱中还会起到非常重要的作用。所以最后晋元帝改变了态度，他对王导说："茂弘，方寄卿以百里之命，是何言邪！"最后以"大义灭亲"为名，免诛其族。

王敦的军队从四处冲进石头城（石头城，在今南京市西清凉山上，三国时孙吴曾以石壁筑城戍守，故称石头城，后人也每以石头城指建业）。元帝召集百官胆战心惊地来见王敦，身披铠甲、手执利刃的王敦问刘隗、刁协的党羽戴渊："前日之战（王师败绩），有余力乎？"

戴渊回答说："岂敢，但力不足耳！"

王敦又问："吾今此举，天下以为如何？"

戴渊回说："见形者为之逆，体诚者为之忠。"

王敦冷笑了一声说："卿可谓能言。"

而后，王敦又走到王导面前，说："不从吾言，几至覆族。"你不听我的话，差一点令王氏全族被灭。

当时，与王导的默然无语相比，王羲之的亲叔父王彬则拍案而起，指斥王敦"杀害忠良，图谋不轨"。

此时，宫中大小官员大都逃之夭夭，晋元帝身边只剩下为数不多的几个人。当日，王敦在宫中大摆酒宴，竟要元帝亲自给他倒酒。迫于王敦威力，元帝被迫只好当场封他为丞相、江州牧等要职，才使王敦答应退守武昌。

没过多久，元帝因为无法承受王敦的当众污辱，最终忧郁而死。公元 323 年明帝即位。

在王氏遭难的过程中，还发生了一件事，涉及与王羲之关系非同寻常的一个外人——他就是那位曾对王羲之赠牛心炙的名士周顗。其实，周顗对王导率子侄入朝请罪整个事件的改观起了重要的推动作用。

有一天清晨，王氏子弟又来"诣阙待罪"，正逢周顗入朝面圣。周顗对羲之遭受无辜的委屈深感同情，对事件的发展表示担忧。王导趁机请求周顗殿前说情，周顗虽然嘴里没有应承，而实际却"上表力辩王导的忠诚"，等见到元帝之后，更是苦苦哀求，直到元帝决定恩赦为止。周顗出来后，心情大为放松，开怀畅饮，率尔直言："今年杀诸贼奴，当取金印如斗大，击肘后。"

王导不知内情，对周顗不肯说情极为不满，怀恨在心。王导作为王氏家族在建康的代理人和整个事件的知情者，对动乱的善后处理有着重要作用。

王敦攻入建康后，曾经请示王导如何处置周顗（字伯仁）。首先问："可为三公？"王导不答；又问："可为尚书令？"又不应；最后王敦说："那么只有把他杀了！"王导仍然不表态。于是王敦就将周顗杀了。等到清理宫廷档案时，发现了周顗相救王导的表章，王导才慨然叹悔说："我不杀伯仁，伯仁由我而死。"

当然，王敦杀害周顗，并非只是出于错怪。周顗本人正气凛然，仗义执言，无所畏惧，王敦对其一直有所顾忌，加之整个动乱过程周顗反抗王敦的态度鲜明，并身体力行，不遗余力地付诸行动。因而周顗之死成为一种必然。

王导在这次浩劫中的角色相当暧昧。首先，他为了一己之利，把包括王羲之在内的王氏二十多个无辜子弟牵扯其中，企图转移元帝的视线，博取朝廷的同情，其间也不排除有利用王旷、王廙、王彬一支与晋元帝亲戚关系的可能；其次，在双方斗争过程中，他没有旗帜鲜明地表明自己的态度；最后，他的内心深处显然希望能够排除异己，重新夺回大权，为自己的仕途清除障碍，这一点在战后如何处理残局的问题上表现尤其明显，周顗被杀即是例证。

可见，战争的主动挑起者王敦站在前台，而王导只是身处建康，不敢表露明显而已。

晋明帝即位时，王敦已移往姑孰（安徽省当涂县），他虽身患疾病，仍再次威胁朝廷，二次作乱，明帝乘机派兵讨伐，王敦因病已不能带兵，故指派他的哥哥王含应战，结果大败。王敦也因忧愤使病情加剧而去世。历时两年的"王敦之乱"就此结束。

王敦被晋明帝亲率六军平息以后，王导反得重用，升为太保。明帝还当众宣布王导可以剑履上殿，享受入朝不趋、赞拜不名的特殊礼遇。这好像是信任与重用，而实质是将人往悬崖绝壁上推的做法，精于官场的王导又一次推辞了。

在王敦二次叛乱事件中，琅琊王氏一门在生死攸关的危急关头，最后又化险为夷。这显然得益于王导政治上的老练，措施的得体。"一荣俱荣、一损俱损"，"公门有公，卿门有卿"（《晋公·文苑·王沈传》），保全了王氏一脉，维持其地位于不坠，也就保住了累世的荣华富贵。

当时，王羲之时才20岁，虽是弱冠之年，却因受到父亲事件和其他因素的影响，还没有婚配，也没有出仕。短短的几个月之内，接连发生的这些重大变故，刀光剑影，祸福莫测，一如惊涛骇浪拍岸，卷起千堆雪。王羲之亲身经历这场惊心动魄的风波，并亲眼目睹了家族中两位长辈的所为，士族的分裂，特别是"忘年交"周顗被王敦所杀，给涉世未深的他造成了极大的内心震荡，他深深感到当时官场的黑暗和无情，战争的残酷，政治舞台风云的突变，时局动荡，前景令人难测，从此，王羲之对权力之争的残酷和血腥，有了刻骨铭心的记忆。

王羲之曾在以后的兰亭诗中发出"合散固所常，修短定无始"的叹息。

有人认为正如王羲之自己所说："吾素自无廊庙志"，他不想过早地进入仕途；也有人认为，因为他的从叔父王导在掌握东晋大权时推行"愦愦之政"的政治纲领，王羲之与他政见不同，不愿意与他合作，所以迟迟不愿出仕。

反愦愦之政，与叔父王导隔心

王羲之虽为秘书郎，却一直在王导府中接受教育。政治社会的动荡，并没有正面冲击到年轻的王羲之。咸和二年（327年）十二月，7 岁的琅玡王司马昱徙封会稽王，征召王羲之为会稽王友，入会稽王府。由此，王羲之算是正式进入仕途。咸和七年（332 年），30 岁的王羲之由会稽王友，改授临川太守。

咸和九年（334 年），庾亮都督江、荆、豫、益、梁、雍六州诸军事，进号征西将军。王羲之应征西将军庾亮召请，赴武昌，任参军，累迁长史。这一年，石虎在一切准备就绪后，夺取帝位，自立为天王。

咸帝咸康元年（335 年），晋大旱，会稽出现人食人现象。咸康二年（336 年），王羲之的叔父王彬去世。咸康三年（337年），35 岁的王羲之于吴兴为官。咸康五年（339 年）七月，王导卒，八月郗鉴卒。

少年时期，叔父王导对王羲之关爱有加。可是，当他踏入仕途后，他们的叔侄关系却越来越变得不融洽和谐了。

在王导辅政期间，豪强横行，贪赃枉法，人民大众苦不堪言。王导对此则采取容忍宽恕的态度，有时仅惩办下级人员，以此敷衍塞责。人们对此非常愤慨。庾翼在给庾冰的信中，表示了他对王导的不满情绪。

"大较江东政，以伛偻豪强，以为民蠹，时有行法，辄使之寒劣，如往年偷石头仓米一百万斛，皆是豪将辈，而直打杀仓督监以塞责。山遐作余姚半年，而为官出二千户，政虽不伦，公强官长也，而辟共驱之，不得安席。虽皆'前宰'之昏谬，江东事去，实此之由也。"

"前宰"王导的昏谬是当时朝野议论的话题，人们对王导的治国方略称之为"愦愦之政"。"愦愦"是贬义词，糊涂、昏乱的意思。也就是说王导施行的是昏乱之政。而王导本人对此却不以为然，他曾说"人言我愦愦，后人当思此愦愦"。

徐广《历纪》说："导阿衡三世，经纶夷险，政务宽恕，事从简易，故垂遗爱之誉也。"果然如此，后有很多人对他的"愦愦之政"大加赞赏。

王导是东晋的开国元勋，历任元、明、成三帝，是权重位高的三朝元老，历史上的评价很高，《晋书·王导传》六千余字，几乎全是溢美之辞。他在建立东晋时发挥的作用是巨大的，他"务存大纲、不拘细目"的执政方略，在一定程度上，反映了东晋初立，需要安定的现实要求，但是这种政治方略在后期却造成了相当恶劣的后果。

《晋书·顾和传》载："既而导遣八部从事之部，和为下传还，同时俱见。诸从事各言二千石官长得失，和独无言。导问和：'卿何所闻？'答曰：'明公作辅，宁使网漏吞舟，何缘采听风闻以察察为政。'导咨嗟称善。"既然可以网漏吞舟，何须"察察为政"？细致了解治理情况岂不是多此一举？

在当时由于王导的"愦愦之政"，对贪官污吏睁一只眼闭一只眼，对门阀豪强更是宽容放任。"时王导辅政，主幼时艰，务存大纲，不拘细目，委任赵胤、贾宁等诸将，并下奉法，大臣患之。"

咸康四年（338 年），王导为太傅，后为丞相，郗鉴为太尉，庾亮为司空。陶侃和庾亮都曾想起兵废黜王导，与郗鉴商量，但由于郗鉴的劝阻，未曾行动。

王羲之对于王导政治统治下的时局极为不满，尤其对"仓督监耗盗官米"的罪恶表示极大的愤慨。主张惩办贪官污吏和不称职的官员。王羲之反对"网漏吞舟"、反对王导的"愦愦之政"是不言而喻的。王羲之有自己的政治抱负，但他不愿与自己主张"愦愦之政"的叔父王导为伍，所以才投向了王导的政敌——庾氏兄弟的阵营。

这恐怕是横亘在王导、王羲之叔侄之间，永远也无法消解的壁障。

庾氏兄弟，仕途知音

王羲之最初投入庾亮幕中，充当参军。王羲之甘愿当一名幕僚，与庾亮有很大关系。咸康六年（340 年）正月，庾亮卒。庾亮临终前"上疏称羲之清贵有鉴裁"。王羲之因此"迁宁远将军、江州刺史"。那时的刺史，相当于今天的省长。庾亮可以说是王羲之仕途的贵人。他究竟是一个什么样的人？他为什么让王羲之如此心甘情愿地追随呢？

庾亮（289—340 年），字元规，东晋颍川鄢陵（河南鄢陵西北）人。咸和九年（334 年）任江、豫、荆三州刺史。庾亮为北方南迁士族子弟，16 岁时，随父在会稽，巍然自守，风格峻雅。

晋元帝为镇东大将军时，闻其名任命为西曹椽。及引见，见他相貌俊美，举止飘逸大方，十分器重，由是聘庾亮之妹为皇太子妃。太子即位，其妹被立为明帝皇后。于是庾亮历任元帝、明帝、成帝三朝大臣。

太宁二年（324 年），参与讨平王敦之乱，攻灭吴兴豪族沈充，为东晋王朝建立功勋。太宁三年（325 年），受遗诏与王导等辅立成帝，任中书令，执掌朝政。

庾亮执掌朝政后，不以外戚偷荣昧进，自奉廉正，并向朝廷表示："臣于陛下，后之兄也……悠悠六合皆私其姻，人皆有私，则天下无公矣……是以疏附则信、姻进则疑，疑积于百姓之心，则祸成于重闺之内矣。"

因此，他一改前任王导辅政以宽和得众的做法，不讲情面，均按法规办事，不为群臣所理解。加上明帝在褒奖升任大臣的遗诏中未提及陶侃、祖约的功勋。陶侃、祖约却疑是庾亮删除，并流露怨言。

庾亮担心因此发生动乱而任温峤为江州刺史，以便接应支援。同时，修筑京都建康（今南京）城郭，巩固防务。

这里，我们得提到一个晋朝将领——苏峻，他是长广郡掖县（今属山东）人，字子高。士族。苏峻年轻时是一介书生，很有才学，最初为主簿。18 岁时被举孝为廉。永嘉五年（311年），永嘉之乱爆发，苏峻在家乡结垒自保，数千家归投。苏峻和其乡民所结的屯垒为当时诸垒中最强，而且又推行王化，收集枯骨代葬，种种行为都使他深得人心，被推为主。当时在建邺的司马睿听闻苏峻的事，于是任命苏峻为安集将军。及后青州刺史曹嶷对苏峻得人心而感到厌恶，担心会成为祸患，于是打算讨伐。苏峻害怕，于是领部下数百家南迁广陵，并获任命为鹰扬将军。此时周坚在彭城叛乱，苏峻协助平定，因功任淮陵内史，后迁兰陵相。

永昌元年（322 年），王敦之乱爆发，苏峻收到诏命要抵抗。但苏峻占卜后结果不吉，迟迟不进。及后朝廷军队被王敦击败，王敦攻入建康并自任丞相，控制朝政。苏峻退至盱眙。此时苏峻任淮陵内史时的旧下属请求朝廷让苏峻再度上任，朝廷接纳并加授苏峻奋威将军，而后又改任临淮内史。

太宁二年（324 年），在江州遥控政权的王敦再次进攻建康，打算篡位，尚书令郗鉴召刘遐和苏峻入卫京师。王敦此时派苏峻的哥哥劝苏峻不要应命，但苏峻不听，仍率军入援建康。王敦党羽钱凤和江南豪族沈充打算乘苏峻军远道而来，尚因疲倦而未及战斗而进攻苏峻，以免经充足休息后顽强抵抗，于是进攻竹格渚。苏峻率领韩晃在南塘截击王敦军，并大败对手。王敦之乱尾声时亦与庾亮追击逃走的沈充。王敦之乱平定后，苏峻因功进使持节、冠军将军、历阳（今安徽和县）内史，加散骑常侍，封邵陵公，食一千八百户。

苏峻在王敦之乱后因有功于国，威名和声望都渐渐提高。他手下有一万名精锐士兵和精良的武器，是一股强大的军事力量，如于咸和元年（326 年）曾派兵击退南侵寿春的后赵军，解除建康危机。苏峻因其功勋和精锐的军队开始骄傲自满，并产生异心，常收纳亡命之徒，其中更收纳因谋反被诛杀的南顿王司马宗党羽卞咸之兄卞阐，更违命藏匿，不将他送交朝廷。

庾亮因而认定苏峻日后必为祸乱，力排众议，于咸和二年（327 年）正式下诏征苏峻为大司农。满朝文武均认为不妥。温峤亦上书劝阻，庾亮又力排众议，不予采纳。

苏峻在听闻庾亮有意征召他时，就命司马何仍向庾亮表达想留镇地方的意愿，及至征召后仍请求改镇青州荒郡，但庾亮都不接受。苏峻常担心庾亮要加害自己，于是在参军任让的建议之下拒绝受命，与祖约联合举兵，以讨伐庾亮为名进攻建康。

温峤得知后，准备派兵东下保卫京师，庾亮又不同意，并致书与温峤说："吾忧西陲（时陶侃任征西将军，镇守荆州，在建康西面），过于历阳（时苏峻任历阳内史），足下无过雷池一步。"庾亮告诉温峤："我担忧陶侃，甚于苏峻，你好好地镇守江州，千万不要随便行动。"

苏峻军队在东进时虽然遇到朝廷军队的抵抗，但主要战事都取得胜利，一路直逼近建康，最终于咸和三年（328年）领兵围困建康。朝廷方面尚书令、领军将军卞壶和丹阳尹羊曼等人先后战死。庾亮亲自督都军征讨，战于建阳门外，苏峻的军队还未到阵前，庾亮的士众皆弃甲逃走。

咸和三年（328年）二月苏峻攻陷建康，纵兵大掠。虽然司徒王导等人守护晋成帝和宗庙，但无法阻止苏峻掳掠后宫和官库。苏峻驱役百官，让官员担着东西运上蒋山。此时的苏峻本性暴露，残暴无道，竟然在建康裸剥仕女，令她们狼狈得以草席甚至泥土蔽体，哀号之声更震动城内外。苏峻总揽大权，自任骠骑将军、录尚书事，其他党羽亦获任命官职。

战败的庾亮乘小船逃奔寻阳，与温峤商议推陶侃为盟主。陶侃应邀来到寻阳，大家都私下议论，认为陶侃将杀庾亮以谢天下，庾亮心中也很害怕。

然而两人见面后，陶侃见庾亮风流儒雅，气度不凡，产生好感，但话里面不自觉地还带有些嘲讽的意思。他对庾亮说："君侯修石头（即修建康城）以防我，今日为何反来相求？"庾亮即引咎自责。

温峤设宴招待，几日后，隔阂逐渐消除，气氛开始趋于融洽。

庾亮啖薤头，留下根须。陶侃问："留此何用？"

庾亮答："还可以种。"

陶侃称叹良久，说："非为风流，兼有为政之实。"

大家经过商议，以征西大将军陶侃为盟主组织起讨伐军队。

苏峻在咸和三年（328 年）五月逼迫成帝迁居石头城（江苏江宁石头山后）。温峤、陶侃、庾亮等会师讨伐苏峻，但彼此相持不下，而且苏峻军在期间又纵兵掳掠，令讨伐军士气低落，连陶侃也因不满讨伐军久无进展而一度打算回荆州。但温峤坚持，令陶侃留下。不久，陶侃为援救正被进攻的讨伐军据点大业垒，而率水军攻石头城，温峤也和庾亮、赵胤领兵由白石南攻向石头城，向苏峻军挑战。苏峻领八千人抵抗，并派部将匡孝和儿子苏硕攻打赵胤。后来，劳军酒醉的苏峻见赵胤被匡术击破而退走，于是说："孝能破贼，我更不如邪！"

这年九月，苏峻留下军队，仅率数骑向北突围。但苏峻并没像匡孝那样幸运地取得成功，只得狼狈撤回。在撤回期间马匹停滞不前，苏峻被陶侃部将彭世和李千以矛投掷，苏峻堕马被杀。

苏峻被杀后又被斩首、碎尸和焚毁遗骨，令讨伐军军心大振，苏峻军彻底崩溃。虽然苏峻弟苏逸随即接领部众，但也于次年兵败被杀。

与苏峻一同起兵的祖约投奔石勒。石勒（274—333 年），字世龙，原名匐勒。石勒这个名字，是后来汲桑替他取的。上党武乡（今山西榆社北）人，羯族，十六国时期后赵的建立者，他是世界历史上唯一一个从奴隶到皇帝的人。咸和五年（330

年），石勒以祖约不忠于晋为名，杀掉祖约。咸和七年，晋襄阳再次为后赵攻陷。咸和八年（公元 333 年）六月，石勒病卧在床，召中山王石虎、太子石弘、中常侍严震等待疾宫中。石虎伪造诏命，隔绝群臣亲戚，不许进宫探望病情。七月，60 岁的石勒病死。石弘继立。石虎强迫石弘杀了程遐、徐光，石虎的儿子石邃带兵入宫宿卫，原来卫士皆被撤换。

咸和四年（329 年），京都解围之后，成帝脱险后至温峤船中，庾亮即觐见皇帝屈膝下拜，以额伏地，泣不成声。成帝命群臣与庾亮同升御座。

第二天，庾亮又顿首至地，请求辞官回家。成帝不允，遣尚书侍中持手诏慰谕："此社稷之难，非舅之过。"这是国家的灾难，并不是舅舅的过错啊。

于是庾亮请求外镇自效，出为平西将军，假节（古代使臣出行，持节作为凭证，叫假节）豫州刺史，镇守芜湖。

不久，后将军王郭默据守溢口反叛。庾亮上表请求亲征，成帝诏令以本官加征讨都督，率兵两万，会同太尉陶侃征讨。叛乱平息后，庾亮返还镇守芜湖，不受爵赏，陶侃劝他接受，他仍然苦辞。朝廷进号征西将军，又坚决谦让。

陶侃死后，庾亮因皇帝舅舅的身份，升迁都督江、荆、豫、益、梁、雍六州诸军事，领江、荆、豫三州刺史，进号征西将军，开府仪同三司假节。庾亮坚决辞让开府，迁镇武昌。

庾亮于咸和年间，在江州（今江西九江）建有庾楼，楼下有三啸堂，楼南有一古槐，几经兴废，在清咸丰三年（1853 年）毁于兵灾。现在有因之命名的"庾亮南路"、"庾亮北路"。庾亮楼为古代江州名胜之一，文人墨客多爱登楼眺望，饮酒吟诗，留下不少名诗作。白居易在任江州司马时，诗中曾多次提到庾楼，如"牢落江湖意，新年上庾楼"；"三百年来庾楼上，曾经多少望乡人。"

庾亮是朝廷要员，因为他的妹妹做了晋明帝的皇后，所以他继王敦、陶侃等人之后全面执掌军事。庾亮很欣赏王羲之的才干。咸和九年（334 年），王羲之 32 岁。这一年，庾亮都督江、荆、豫、益、梁、雍六州诸军事，进号征西将军。王羲之应征西将军庾亮召请，"请为参军，累迁长史"王羲之赴武昌，任参军，累迁长史。同一年，石虎自立为天王。

庾亮推崇王羲之是发自内心的，咸康六年（340 年）王羲之 38 岁。这一年正月，"亮临薨，上疏称羲之清贵有鉴裁"，庾亮临死的时候，还上书称赞推荐王羲之。可见，他对王羲之的偏爱。于是，王羲之又升"迁宁远将军、江州刺史"。

后人分析，王羲之所以能出任会稽内史，朝廷可能基于这几方面的考虑：首先，当时西藩桓温势力对中央构成很大的威胁，会稽是宰辅司马昱的封国，属中央的势力范围，会稽是三吴腹地，水陆交通发达，物产丰富，许多豪门士族栖居这里，它对于重镇扬州和都城建康无论在政治、军事和经济上来说都非常重要，在平息苏峻叛乱之后，曾有人要求迁都于此；其次，王羲之是东晋第一大族杰出人才，在王述守丧造成职务空缺时，他是最适合的补缺人选；最后，王羲之"不乐在京师"，自然对这一职务会感到满意。

清谈误国，与谢安登冶城

咸康七年（341 年），王羲之卸任江州刺史，由王允之接任。

咸康八年（342 年），成帝卒，康帝继位。庾冰、司马昱辅政。这一年，接替王羲之做江州刺史的王允之去世。

康帝建元元年（343 年）七月庾翼（稚恭）准备北伐。王羲之写了《稚恭进镇帖》，赞赏庾翼北伐主张。帖称："伏想朝廷清和，稚恭遂进镇，东西齐举，想克定有期。"

晋建元二年（344 年）王羲之第七子王献之出生。晋康帝卒，子聃继位，是为穆帝，年仅两岁，褚太后临朝称制。庾冰卒。穆帝永和元年（345 年），庾翼卒。

永和二年（346 年），会稽王司马昱辅政，殷浩为建武将军、扬州刺史，桓温出兵攻蜀。在这一年，王羲之与谢安携手登冶城，有过一段非常著名的对话。

谢安比王羲之小十六七岁。谢安的哥哥谢奕的女儿谢道韫嫁给了王羲之的儿子王凝之为妻。因此，王羲之与谢安既是朋友，又是儿女亲家，关系非同一般。有文章记载：王右军郗夫人谓二弟司空、中郎曰："王家见二谢，倾筐倒庋；见汝辈来，平平尔。汝可无烦复往。"王羲之的妻子郗夫人对她的两个弟弟司空（郗愔）、中郎（郗昙）说："王家见了谢安、谢万二人来了，翻箱倒柜，盛情招待；见到你们来了，平平淡淡。你们以后不要再来了。"

《世说新语》中有这么一段：王凝之谢夫人既往王氏，大薄凝之。既还谢家，意大不说。太傅慰释之曰："王郎，逸少之子，人才亦不恶，汝何以恨乃尔？"答曰："一门叔父，则有阿大、中郎；群从兄弟，则有封、胡、遏、末。不意天壤之中，乃有王郎！"

王凝之的谢夫人（谢道韫）嫁到王家以后，非常看不起王凝之。回到谢家后，心情很不愉快。太傅（谢安）安慰她说：

"凝之是逸少（王羲之）的儿子，人才也不错，你怎么这样讨厌他呢?"谢夫人回答说："我们同门叔父中，有阿大（谢尚）、中郎（谢据）；叔伯兄弟中，有封（谢韶）、胡（谢朗）、遏（谢玄）、末（谢渊）。不料天地之间，竟有凝之这么个人!"

看来，大名鼎鼎才女的谢道韫并没有看上王羲之的儿子。

在东晋的政治舞台上，谢安也是一位举足轻重的人物。谢安（320—385 年），字安石，号东山，又称太傅、谢太傅、谢相、仆射、谢公、文靖。东晋政治家、军事家，浙江绍兴人，祖籍陈郡阳夏（今河南省太康）。历任吴兴太守、侍中兼吏部尚书兼中护军、尚书仆射兼领吏部加后将军、扬州刺史兼中书监兼录尚书事、都督五州、幽州之燕国诸军事兼假节、太保兼都督十五州军事兼卫将军等职，死后追封太傅兼庐陵郡公。世称谢太傅、谢安石、谢相、谢公。

谢安的父亲是谢衷，他在兄弟中排行第三，还有两个哥哥：大哥谢奕和二哥谢据。谢安自幼聪明多智，比他的兄长们都更有名气。谢氏家族渡江后，寓居在会稽（今浙江绍兴）。谢安沉静俊秀，风流潇洒，识见深远，极有胆略。少负重名，为桓彝、王蒙赏识。初无仕宦意，与王羲之、支遁等游山泛海，赋诗论文，尝携妓从游。王羲之写《兰亭序》就是与谢安等一班朋友雅会兰亭时所作，当时谢安也吟诗作文，以尽雅兴。

朝廷屡召不就，谢安年逾四十始为征西大将军桓温司马。历官吴兴太守、侍中、吏部尚书、中护军。孝武帝即位，谢安以尚书仆射领吏部，兼领中书监，总揽朝政，外御强敌，内修德政，善选文武大臣。

谢安初与权臣周旋时，从不卑躬屈膝，不违背自己的原则却能拒权臣而扶社稷；等他自己当政的时候，又处处以大局为重，不结党营私，调和了日渐激烈的东晋内部矛盾。谢安善清谈，精行书，好音乐，喜宴游，有雅量。时人把他比作王导，而又比王导博学潇洒。有"风流宰相，唯谢安尔"之说。

公元383年，中国历史的大舞台上演出了一场以少胜多的著名战争。在这场战争中，东晋8万士卒一举打败了前秦80多万大军，不仅使国家转危为安，而且留下了"八公山上，草木皆兵"的历史佳话。这就是淝水之战。运筹帷幄，夺取这场胜仗的指挥家便是东晋宰相谢安。

苻坚南侵，谢安为征讨大都督，派谢玄等破敌于淝水，遂都督扬、江等十五州军事，行北伐。北伐胜利、正是功成名就之时，还能急流勇退，不恋权位；因此被后世人视为一代良相。也有人认为：因会稽王司马道子专权，谢安出镇广陵以避之，不久病逝。追赠太傅，谥文靖。

《世说新语》中记载：王东亭（王珣）和谢公（谢安）有仇。他在会稽听说谢公死了，就来到京都去见王献之，表示要去凭吊谢公。王献之先前还躺着，听了他的话后立即坐了起来，说道："这正是我对你的希望。"王珣于是去谢公家吊唁。督率刁约不让他进去，说："大人在世时，就没见过这个客人。"王珣也不理他，径直上前哭吊，非常悲痛，完后没和末婢（谢琰）握手就走了。

说到谢安，就不能不说绵延了近三百年的显赫世家——陈郡谢氏家族。谢家上可追溯至谢安的祖父谢衡，他曾是东汉时的大儒，下则延续到谢安的九世孙谢贞，作为谢氏最后一位在史籍留下传记的子孙，在谢贞死去后的四年，已腐朽的陈王朝也终于在"玉树后庭花"的挽歌中走向终结。

《世说新语》中有不少谢安的记载。比如：谢奕作剡令，有一老翁犯法，谢以醇酒罚之，乃至过醉而尤未已。太傅时年七八岁，著青布绔，在兄膝边坐，谏曰："阿兄，老翁可念，何可作此！"奕于是改容曰："阿奴欲放去邪？"遂遣之。

谢奕任剡县令时，有一个老头犯了法，谢奕就让他喝烈酒来惩罚他，老头都已经喝得大醉了，还不让停。太傅谢安当时七八岁，穿着青布裤，在哥哥谢奕的身边坐着，劝道："哥哥，老头很可怜，你怎么能这样做！"谢奕神色平和下来，说道："你是想放了他吗？"于是就把老头放了。

又比如：谢公夫人教儿，问太傅："那得初不见君教儿？"答曰："我常自教儿。"谢公（谢安）夫人教育孩子，一次她问太傅："怎么从来没见到你教育孩子？"谢公回答道："我总是用我自身来教育孩子。"

谢安在一个寒冷的雪天召集家人，和晚辈们探讨文章义理，一会儿雪下得急起来，谢安欣然说道："白雪纷纷何所似？"哥哥谢据的儿子谢朗说："撒盐空中差可拟。"哥哥谢奕的女儿谢道韫说："未若柳絮因风起。"谢太傅高兴得大笑。这个女子后来就是王羲之儿子王凝之的妻子。

《世说新语》中还记载：谢公时，兵厮逋亡，多近窜南塘下诸舫中。或欲求一时搜索，谢公不许，云："若不容置此辈，何以为京都？"在谢安执政的时候，士兵和仆役逃亡，大多就近流窜到南塘一带，藏在船里。有人要求对这些船进行搜查，谢公不答应，他说："如果不容留这些人，又怎么称得上是京都？"

谢安曾对王羲之说："中年以来，伤于哀乐，与亲友别，辄作数日恶。"人到中年，很容易感伤。每每和亲友告别，就会难受好几天。王羲之则答："年在桑榆，自然至此。顷正赖丝竹陶写，恒恐儿辈觉，损其欢乐之趣。"人啊，快到晚年了，自然要这样，只好靠音乐来陶冶性情了，还总怕儿女们觉得伤害了他们快乐的情绪。

谢安受世风影响，偏爱清谈。据记载：有一次，支道林、许询、谢安等贤达在王蒙家聚会，谢安环顾各位说："今天可说是名士聚会，光阴不可挽留，这样的聚会也难常有，我们大家应一起畅所欲言，抒发各自的情怀。"许询便问主人："有《庄子》吗？"找到《渔父》一篇，谢安定好题目，就让大家各自阐发，支道林先讲，说了七百多句，叙述精致优美，才思文辞非凡出众，大家都纷纷赞扬。

等在座的人把自己的意思都表达完毕，谢安才问道："诸位觉得言尽了没有？"大家都说："今日清谈，无不罄尽胸怀。"谢安于是简单地设难，然后自己陈述见解，作了万余言的宣讲，才智超凡，俊雅飘逸，达到他人难以企及的境界，再加上他寓意深远，怡然自得，众人无不倾心佩服。支道林对谢安说："您一语中的，直奔佳境，实在是太妙了。"

与谢安相反，王羲之一向不喜欢清谈之风。两人为此还有一段著名的对话：

王右军与谢太傅共登冶城，谢悠然远想，有高世之志。王谓谢曰："夏禹勤王，手足胼胝；文王旰食，日不暇给。今四郊多垒，宜人人自效；而虚谈费务，浮文妨要，恐非当今所宜。"谢答曰："秦任商鞅，二世而亡，岂清言致患邪？"

王羲之和谢安一起登冶城这件事，有的记载说是在公元346年，也有记载在349年。这时候，王羲之四十多岁，为护军将军。他更注重实效，而忌清谈。

谢安悠然遐想，有超脱世俗的志向。王羲之却对谢安说："大禹王为了政事而操劳，双手双脚长满了老茧；周文王忙于国事，废寝忘食，总还觉得时间不够用。现在国家处在危难之中，强寇在北方，边境四处告急，身为大晋臣民，难道不该为国家而忧虑吗？你看看如今这些士人，天天空谈什么《庄子》玄理，追求什么逍遥任意，做官的不通政务，诗文却写得不错，但这有什么用处！谁如果勤劳国事，却成了不合时宜，难道应该这样吗！这些毫无用处的清谈，难道不早该废止吗！"

"废止清谈"的提议，在当时不断地被人提出，但总是不能得到士人的支持。谢安恰恰是一位清谈的推崇者，一位清谈领袖，《庄子》尤其是他的擅长。他在清谈中陶冶自己的性情，享受身心的快乐，他认为这才是人生最重要的事。他不同意王羲之的观点，说："逸少，我问你，秦始皇用商鞅，严刑治法，秦朝又怎么样呢？两世而亡。难道也是因为清谈玄理吗？"

王羲之在玄谈最盛之时，能指出其弊端，而且不主张个人主义，不愿只顾个人享乐而忘记民众，可以看出他的确富有责任心，对人民一往情深，是一位富有管理才能又能关心民众疾苦的官吏。"自负匡时好才略，彼天强派作诗人"，或许"百代艺人"的称呼，并非是王羲之所乐意接受的。

"审量彼我"，北伐高见

殷浩（303—356 年），陈郡长平（今河南西华东北）人，好《老子》与《周易》，善谈玄理，颇负盛名，屡辞征召。曾为庾亮记室参军，累迁司徒左长史，后辞官隐居近十载。永和二年（346 年）因褚裒（póu）推荐，始受命为建武将军、扬州刺史。

公元 347 年，安西将军、荆州刺史桓温攻克了成都，一举

打败了成汉国，一时名声大振，其势力迅速壮大起来。荆州和扬州是当时的两大重镇，荆州位于长江中游，对长江下游的扬州、建康威胁很大。会稽王司马昱（简文帝）执政，惶惶不可终日，故将殷浩拉做自己的亲信，并委以重任，让他掌握扬、豫、徐、兖、青五州的军事大权，以防桓温反叛。

永和四年（348 年），殷浩参与朝政后，委任王羲之为护将军。桓温加征大将军。在这种情况下，殷浩、桓温矛盾日渐尖锐。桓温原来与王羲之没有什么利害冲突，但由于上述矛盾，桓温视王为殷浩的亲信、党羽，这自然对王羲之非常不利。

据史料记载，羲之既少有美誉，朝廷公卿皆爱其才器，频召为侍中、吏部尚书，皆不就。复授护军将军，又推迁不拜。最后经过殷浩再三劝说，他才担任了"护军将军"这一重要官职。身为扬州刺史的殷浩素雅重之，劝使应命，乃遗羲之书曰：

"悠悠者以足下出处足观政之隆替，如吾等亦谓为然。至如足下出处，正与隆中对，岂可以一世之存亡，必从足下从容之适？幸徐求众心。卿不时起，复可以求美政不？若豁然开怀，当知万物之情也。"

羲之遂报书曰：

"吾素自无廊庙志，直王丞相时果欲内吾，誓不许之，手迹犹存，由来尚矣，不于足下参政而方进退。自儿娶女嫁，便怀尚子平之志，数与亲知言之，非一日也。若蒙驱使，关陇、巴蜀皆所不辞。吾虽无专对之能，直谨守时命，宣国家威德，固当不同于凡使，必令远近咸知朝廷留心于无外，此所益殊不同居护军也。汉末使太傅马日磾慰抚关东，若不以吾轻微，无所为疑，宜及初冬以行，吾惟恭以待命。"

护军将军权力很大，不但有一支保护皇帝和京师的军队，而且其下有属官，若受命出征，还可以设参军。王羲之恪尽职守，关心士卒的疾苦，他担任护军将军时发了题为《临护军教》的第一道命令：

> 今所在要在于公役均平。其差太史忠谨在公者，覆行诸营，家至人告，畅吾乃心，其有老落笃癃，不堪从役，或有饥寒之色，不能自存者，区分处别。自当专详其宜。

现在的军营里要公役均平，我委派忠于职守、谨慎公平的太史到各营，对于所遇到的困难，可以畅所欲言，如军营中有老弱多病，不能温饱，或无法养家的，都要区分不同情况予以安置。

护军之职流动性很大，有时去江州，有时去吴地（苏、浙）。经常疲于奔命，也许是由于这种原因，王羲之苦求出守宣城郡，未获朝廷准许。

桓温军事力量的强大对殷浩触动很大，殷浩求功心切，不顾主客观条件于352年、353年先后北伐，每次北伐，王羲之都苦口婆心地劝告他不要轻举妄动，否则将会以失败告终。可是殷浩根本听不进去，王羲之预感到"常恐伍员之忧，不独在昔；麋鹿之游，将不止林薮而已！"结果都被王羲之言中。

公元353年，殷浩不肯听从王羲之的劝告，再次北伐，损兵折将，损失惨重，大败而回。354年，安西将军、荆州刺史桓温乘机上书，弹劾殷浩连年北伐，师徒屡败，粮械费尽，朝野胥怨，不宜再担任执政之位。

当朝宰辅司马昱虽然心中偏向殷浩，但安西将军、荆州刺史桓温大权在握，拥有强兵，坐镇荆楚，又有平蜀之功，不得已，解除殷浩一切职务，废为庶人。殷浩不得不告老还乡，整天在家书写"咄咄怪事"。而留下的扬州刺史空缺由守母丧期满的王述接替担任。

王羲之不仅是一位书法大家，还是一位有理想的政治家，在他的心中，始终有一个伟大的目标驱动着他，那就是完成国家的统一大业。

北伐是东晋朝野关心的重大举措，战争中有一系列的决策问题，王羲之认为要"审量彼我，万全而后动"。这与"知己知彼"方能"百战不殆"的军事思想有异曲同工之妙。"审量彼我"有精审、审时度势的内涵，对彼此有量的分析，这一点无论是对古代战争还是现代战争都非常重要，没有对各种军事要素"量"的掌握与分析对比，很难取得战争的胜利。"量"不仅限于数的概念，还有衡量权衡之意，通过"审量彼我"为决策提供科学依据。

王羲之曾指出殷浩北伐必败，其结果完全证实了他的预料。他虽然未曾亲自指挥和参加任何战争和战役，然而他的真知灼见足以证明他有鉴裁之能，显示了政治上的成熟。

东晋虽然在江南建立了政权，但北方的中原大片领土被胡人占领，人民处于水深火热之中，所以北伐是当时政治、军事生活中一个重要的问题。东晋初建之时，南渡的百姓饱尝了家破人亡离乡背井之苦，怀念故土。而北方的士族迁至江南，失去了昔日的辉煌且惊魂未定，何去何从，如何对待残酷现实？存在着两种精神状态和情绪。

《世说新语·言语》曾这样描述：过江诸人，每至美日，辄相邀新亭，藉卉竹宴。周侯中坐而叹曰："风景不殊，止自有山

河之异!"皆相视流泪。唯王丞相愀然变色曰,"当共戮力王室,克复神州,何至作楚囚相对。"

这里的周侯是王羲之的赞誉者周顗,他对江叹息代表了一部分过江士族的思想感情。而王导"愀然变色",慷慨陈词:"当共戮力王室,克复神州",显然是另一种精神状态。王导的这一政治纲领,团结了朝野一批人,得到了许多有识之士的拥护。他们以上述纲领作为精神支柱,盼望有朝一日光复中原大地。

第一次发动北伐的是祖逖,他是中原沦陷后移居京口的一位将领,当时以王导为首的统治集团不敢对北伐提出异议,怕失去民心丢掉具有号召力的"克复神州"的旗帜,故提出"使白招募"组织北伐,只给祖逖调拨一千人的粮食、布三千匹,不给铠甲兵器。

建兴元年(313年),祖逖带领一批人马渡江,当船行驶到江心时,祖逖击楫而誓:"祖逖不能清中原而复济者,有如大江",表示了不成功便成仁的决心。祖逖在淮阴铸造兵器招募士兵,收复了黄河以南的大部分失地。

晋元帝怕祖逖势力太大,派征西将军戴渊总领北方六州军事,阻止祖逖北伐活动。此时祖逖感到深受掣肘,缺乏有力的支援,北伐成功无望,忧愤而死,使收复领土的机会再次失去。

东晋政权建立不久,立足未稳,政治上尚未强大,这是一个不容忽略的客观原因。但统治阶级不肯支持是主要的原因。王导虽然慷慨激昂地表示要"克复神州",但这纯属是一种策略,只是在笼络人心罢了。吕思勉论及《王导传》时说:"此传颇能道出东晋建国之由。三言蔽之曰:'能调和南方人士,收用北来上大夫，不竭民力而已。'帝之本志盖仅在保全江表而不问北方，即王导之志亦如此。故能志同道合。东晋之所以能立国江东者以此，其终不能恢复北方者亦以此。"这种评论分析确实是击中了问题的要害。

康帝建元元年（343 年）七月，有经纶大略的军事将领庾翼（稚恭）准备北伐。他以石虎残暴屡次上表北伐。移屯襄阳，征发六州内车牛驴马和地主的奴仆当兵组织力量，命庾冰镇守武昌，为庾翼的后援，准备大举进攻后赵和成汉。当时，蔡谟认为"若弃江远去，以我所短，击彼所长，惧非庙胜之算"。实际上，东晋士族地主和多数朝臣偏安江左，不肯冒"累卵"之险，害怕失去自己的安乐窝，所以反对这次北伐。

时年 41 岁的王羲之在分析了当时的形势后，认为"伏想朝廷清和，稚恭遂进镇，想克定有期"。羲之有《稚恭进镇帖》，赞赏庾翼北伐主张。王羲之盛赞如此并不是没有原因的，因为东晋统治集团内部虽有矛盾还不是太尖锐，更重要的是北方石虎继位，他暴虐成性，任意残害百姓，"猎车千乘，养兽万里，夺人妻女，十万盈宫"。统治集团内部争权夺利，统治阶级内部矛盾、阶级矛盾一触即发。这些都为北伐提供了难得的良机。

王羲之支持庾翼北伐还基于对庾翼为人的深刻了解。庾翼"戎政严明，经略深远，数年之中，公私充实，人情翕然，称其才干。由是自河以南，皆还归附"。他早有"复兴"的雄心壮志，以"灭胡平蜀为己任"，对北伐做了比较充分的准备，基于敌我双方的形势分析，王羲之决定支持这次北伐。

晋永和八年（352 年），殷浩先后两次北伐。对殷浩发动的北伐，王羲之却竭力反对。殷浩、桓温都是握有兵权的大将，他们为权力之争水火不容。殷浩将颍川荀羡作为羽翼以对付桓温。王羲之密说殷浩、荀羡应以大局为重，他认为国家之安在于内外和睦，不宜内构嫌隙。可是殷浩、荀羡怎么也听不进去。

当王羲之知道殷浩要贸然进行北伐时，立即以书劝阻，但没有奏效。殷浩仍整军前行，结果在颍水桥（今河南省许昌县）吃了败仗。殷浩不甘心自己的失败，准备再度北伐。王羲之以为必败，并立即致书于殷浩和会稽王表明自己的观点和主张，"尽怀极言"，劝其休养生息，尊贤虚己，不要快意于目前，置生民于涂炭。

王羲之首先从上次北伐失败谈起，殷浩第一次北伐是公元352 年，就在这一年又准备第二次北伐，满朝文武正为之"惋惜"，不能忘怀。在这种情况下，应该认真地总结失败教训，而不能重蹈覆辙。还应该发挥自己的长处，从长计议，以期改弦更张，其出发点是为了巩固东晋的江山大业。

信中分析了"自寇乱以来"的形势和前几次北伐失败的教训，提出了自己的主张和见解。王羲之还从私人的角度，晓之以理，动之以情，说明利害关系，"使君起于布衣，任天下之重，尚德之举，未能事事允称，当董统之任，而败丧至此，恐阖朝群贤未有与人分其谤者。"北伐失败，会激起民愤，世态变故，那你就成了历史的罪人，无地自容了！

《遗殷浩书》对虚务玄谈而无军事才能的殷浩，没有起到应有的作用。这时王羲之忧心如焚，便又写信给会稽王司马昱，这就是所谓的《与会稽王笺》。司马昱是辅政亲王，在朝中有很高的地位和实权，王羲之在书中论及时事，陈述了不宜北伐的理由，并希望司马昱对殷浩再举北伐提出忠告，加以劝阻。

《遗殷浩书》和《与会稽王笺》析理透彻，充满激情，切中时弊，抨击了朝政，在当时是很危险的。然而，他从大局出

发毫不顾忌，"取怨于执政"仍"尽怀极言"，这不但显示了他在政治上的敏锐的洞察力，非凡的军政才能，而且表现了一个爱国主义者的大无畏的情怀。

王羲之的书札为殷浩所发，可谓仁至义尽，情真意切，"此数札者，诚东晋君臣之良药。"此时吏部尚书王彪之与王羲之持相同意见，也认为殷浩妄动失策，立即上书："弱儿等（雷弱儿、梁安）容有诈伪，浩未应轻进。"

可惜的是，会稽王司马昱将忠良的建议放置一旁不论不议，继续支持这劳而无功的北伐，而殷浩求胜心切，不听劝告，一意孤行，于永和九年（353 年）将北伐付诸行动，结果在山桑（今安徽省蒙城北）一败涂地，损兵折将，阵亡和被俘者达一万余人。

事后会稽王后悔莫及，感慨地说：王彪之是一个不可多得的人才！其实真正的人才要数王羲之。

殷浩北伐再次失败给桓温以口实，故桓温上书历数殷浩之罪状，结果殷浩被废为庶人，徙东阳信安（浙江金华）。

有人根据王羲之对殷浩北伐的态度得出结论，王羲之对北伐持消极态度，这是值得商榷的。王羲之除了支持过祖逖、庾翼的北伐外，还有一例可证，永和十二年（356 年）桓温北伐，取得局部胜利，当时王羲之虽然已经辞官归隐了，他仍十分关切战事，对胜利充满信心和喜悦：桓公以至洛，今摧破羌贼。贼重命，想必擒之。王略始及旧都，使人悲慨深，此公威略实着，自当求之于古。真可以战，使人叹息。

王羲之对几次北伐都审时度势，他不一概反对，也不一概支持。他早有收复中原之志，之所以反对殷浩北伐是因为殷浩北伐的动机不良，各方面条件不具备。一旦条件成熟，在北伐

中取得某些战果，他自然兴高采烈。在重大问题面前不凭一时感情冲动作出决策，才不愧为有远见卓识的政治家。

在殷浩北伐之前，王羲之作出了"必败"的结论，最后北伐果然以失败而告终，这预测的准确性，可谓是神机妙算。王羲之对北伐的谁胜谁负看得很准，他是经过一番调查分析，才得出结论的。他认为北伐战争"必宜审量彼我，万全而后动"。

朝廷争权夺利，桓温与殷浩视为死敌，严重不和，互相牵制。桓温想独揽军政大权，篡夺皇位；殷浩想借北伐取胜树立自己的权威，然而他刚愎自用，缺乏军事才能，不善于用兵，第一次北伐损失惨重，"遗黎歼尽，万不余一"，元气尚未恢复，又再度举兵北伐。东晋是进攻的一方，"千里馈粮，自古为难，况今转运供继，西输许洛，北入黄河"，所有这些都是很重要的不利因素。而北方领土辽阔，进退有很大的余地，相比之下，东晋所占地域就比较狭小，"以区区吴越经纬天下十分之九，不亡何待。""因循所长，以固大业"，这里的"因循所长"，是指东晋的地理环境，就是说东晋的地理环境仍有优势，江淮是天然屏障，对守势极为有利。

在"内忧已深"的情况下，想诉诸武力，解决"外不宁"是很难实现的，诚然历史上曾有过"倾国以济一时之功者，亦往往而有之"。但这种情况是有前提的，它不仅在于"独运之明足以迈众"，而且"暂劳之弊，终获永逸者"，现实与历史上的"倾国以济一时之功者"情况不同，岂能"求之与今"。

据此，王羲之认为只能采取权宜之计："暂废虚远之怀，以救倒悬之急。"他提出"保江"（又称"保淮"）的战略计划：以江淮流域为根据地，把徐州、商丘的兵力拉回来，这样可集聚在安徽合肥、谯郡、江苏广陵、河南许昌的力量，等待时机发动进攻。

"保江"策略源于王导的思想，那时很多人都不理解，认为这是置中原于度外，忘仇忍耻。事实证明，不审量彼我，盲目采取军事行动是不会有好结果的。审量彼我就是要了解敌我双方的客观情况，"知己知彼"方能"百战不殆"，这是许多军事家都懂的道理。要做到这一点并非易事，这必须对"彼"、"我"作出实事求是的评估，只有审量准确，结论才可能正确无误。人的认识正确了，战争的战略才有可能正确。

殷浩对王羲之的对敌我双方的分析和建议置若罔闻，失败是理所当然的。王羲之对北伐后果一语中的的分析预测显示了他的正确思想。

王羲之是一位政治家、军事家，了解这一点的人并不多，研究得也不够。南宋洪迈在《容斋随笔》中列举了王羲之对北伐的真知灼见后，不胜感慨，"其识虑精深，如是其至，恨不见于用耳。而为书名所盖，后世但以翰墨称之，则一艺之工，为累大矣。"

第五章

爱民使君　造福天下

虽是官宦子弟，但王羲之却与他人不同。自22岁任秘书郎至53岁辞官退隐，他的政治生涯长达31年之久，其间政局多变，矛盾错综复杂，人民生活于水深火热之中。他对民情了如指掌，深知人民的疾苦。朝廷赋役繁重，人民不堪忍受，他同情百姓，主张改革弊政，减轻人民负担。"任国钧者"要"除其烦苛，省其赋役，与百姓更始，庶可以允塞群望，救倒悬之急"。可惜人微言轻，不被重用。人生太多无奈，又岂止羲之一人？

禁酒节粮，爱民如子

永和六年（350 年），48 岁的王羲之自护军出，为右将军，会稽内史，赴任会稽山阴。《晋书·王羲之传》载："（王）述先为会稽，以母丧居郡，羲之代述。"王述先为会稽内史，因为

母亲去世，他守丧居住在郡内。于是王羲之便取代了王述成为会稽内史。大约在这个时候，王羲之与王述之间已经埋下了不可调和的矛盾。

内史之职，《历代职官表》上是这样介绍的：魏晋南北朝仍采汉代郡县与封建并行之制，唯改相之名为内史，在王国中既以内史当太守之任。其职位、体制、组织皆与郡守同。

王羲之对管理国家，有自己独到的见解，提出过不少改革弊政的措施。他为官期间对民情了如指掌，深知人民的疾苦。朝廷赋役繁重，人民不堪忍受，他同情百姓，主张改革弊政，减轻人民负担。他曾指出："任国钧者"要"除其烦苛，省其赋役，与百姓更始，庶可以允塞群望，救倒悬之急。"

魏晋时期，饮酒成风。世家大族把饮酒作乐当作生活不可或缺的一部分。那些所谓的风流名士，更是终日与酒为伴，或酒醉如泥，或疯疯癫癫大发议论。王羲之身为名士，也十分好酒，他曾写道："向遂大醉，乃不忆与足下别时。"我喝醉了，竟然记不起来在什么时候和你道别的。兰亭集会，未写诗赋的人"罚酒各三斗"，这种风气也波及到了民间。然而，就是这样一位爱酒的艺术家，当他官职在身，遇到灾荒频至的时候，他便决然采取了另一种态度。

有一次王羲之和他的同僚被当地百姓宴请，席上自然少不了喝酒。王羲之酒量很大，可是那天他却端着酒杯，踌躇半天不喝，众人都十分不解。有人来劝，王羲之只以身体不适拒绝了。

回到官府，王羲之问手下那些官员，本地一年用于酿酒的米、麦、高粱等粮食要多少斤？

大家面面相觑，回答不上来。后来，有一位属下才说："属

下不知道具体数量，不过百姓都会人工酿酒，井市也有水酒出售，日子艰难，心中不快，人们都借酒浇愁。每年因为酿酒所用的粮食，数量恐怕无以数计。"

至此，王羲之这才说明了自己的意图："这些年我们灾荒不断，年景不好，粮食很贵，酒不饮无妨，没有粮食是会饿死人的。粮食从播种到收获要好几个月时间，来之不易，我们要把仅有的一点粮食储备起来，以作度日之需。现在下令，本郡在一年之内不得酿酒，市面上也不得出售酒类。"

王羲之自行决定，在本郡断酒，并邀请同僚共同呼吁："断酒事终不见许，然守之尚坚，弟亦当思同此怀。此郡断酒一年，所省百余万斛米，乃过于租。此救民命，当可胜言。"

禁酒这一举措，在此之前曹操也曾实行过，那是为了在困难的条件下筹措更多军饷用于战争，而王羲之则是为了"救民命"。尽管这有违官场之道，但行事的出发点和归宿点都是为了使百姓宁静，王羲之做得义无反顾，无怨无悔。在这里我们再次看到了一位忧国忧民的文人风骨。

"禁酒节粮"实施以后，果然节约了大量谷物，使当地粮食紧张的局面得到有效的缓解。"此郡断酒一年，所省百余万斛米，乃过于租。"

然而，王羲之却因此受到各方人士的指责和非议。他曾经写信给好友谢安，阐明下令禁酒是为节约粮食，防止百姓被饿死，除此之外别无良策。他说："百姓之命倒悬，吾夙夜忧。此时既不能开仓庚赈之，因断酒以救民命，有何不可？而刑犹至此，使人叹息，吾复何在？"

王羲之万分感慨，愤怒地写道："处世不易，岂惟公道。"处世不容易，难道仅仅是讲究公道就可以了吗？

复开漕运，造富一方

王羲之在新任会稽内史巡视辖区时，发现会稽郡内积弊甚多，普通百姓之苦已到无以聊生的地步，恰恰又遇到天灾，见此情景王羲之断然采取一系列措施，排忧解难，维持民生。

王羲之提出："移民就粟"不若"移粟就民"，并积极采取措施复开漕运。

所谓"移民就粟，就是让难民迁徙到没有受灾的地方。这种救助方式"，早在西周时期就有了。《周礼》中记载："若食不能人二，则令邦国移民就谷。"如果不能每人分配到300斤米（一年的消耗量），就可以施行移民。

《孟子·梁惠王上》："河内凶，则移其民于河东，移其粟于河内。河东凶亦然。"河内有灾就移民到河东，河东有灾则移民到河内。但自从有了漕运这一良法，一遇到灾年，则以粟就人，而不是以人就粟。所谓漕运，旧指通过水路（间或陆路）将粮食解往京师和指定地点的运输。漕运的起源很早，秦始皇将山东粮食运往北河（今内蒙古乌加河一带）作军粮。

汉代桓宽《盐铁论·刺复》云："泾淮造渠，以通漕运。"汉代"始引渭渠以漕山东之粟，旋濬褒斜以致汉中之谷，初不过岁运数十万石，及其盛时，岁益漕六百万石，类由河渠疏利，治之有方。魏武篡汉，偏安洛阳，然犹任邓艾，广开漕渠以达江淮。"

进入晋代以后，由于连年战争，中华大地呈割据局面，漕运久停。到北伐之时一切军需只好转运供给，西输许洛，北入黄河，应征服役的民工忍受不了苦难，故逃走的人一天比一天多。更重要的是东土饥荒，自不暇救。

早在未有漕运的战国时期，魏国国君魏惠王（即梁惠王）对灾荒采取"移民就食"的方法，即河东发生灾荒将民众移至河内，如果河内遇灾则移民于河东。有了漕运这一良法，一遇到灾年，则以粟就人，而不是以人就粟。

"移民就食"使百姓拖儿带女离开自己的家园，对农业生产的危害来说，犹如雪上加霜。再者灾荒严重的百姓食不果腹，疾病也随之而来，移民有时难以实现，将会有很多人因饥饿奔波而丧生，这都是弊端。

而漕运以粟救人，百姓可以在自己的土地上抗灾自救，以免跋涉之苦，这对保护劳动力、发展生产无疑是有利的。

漕运于国于民均有大益，王羲之毅然向朝廷建言复开漕运，并提出了实施办法：今事之大者未布，漕运是也。吾意望朝廷可申下定期，委之所司，勿复催下，但当岁终考其殿最。长吏尤殿，命槛车送诣天台。三县不举，二千石必免，或可左降，令在疆塞极难之地。

王羲之希望朝廷将复开漕运的事决定下来，并委派下臣实施，到年终以此来考核政绩，尤其是长吏如不能完成任务，政绩很差，可送至大台治罪。如果三县不实行，则郡守必须罢免，或派到环境艰苦的边疆，降职使用。

惩办贪官，开仓赈贷

王羲之在会稽任内史期间，针对朝廷当时存在的弊端，发表了一系列的政治见解，向朝廷和某些当权者提出了许多从宏观到微观、从大政方针到具体实施的正确的建议。不仅如此，他还在自己职责范围之内，采取了许多切实可行的措施，不辞辛劳，不避风险，为当地人民办了许多实事，为稳定时局作出了很大贡献，政绩斐然。他胸怀宽广，一身正气，勤政廉政，表现了一种忘我的精神，他在《深情帖》中说："古人云：'行其道忘其力身，真。'卿今日之谓，政自当豁其胸怀，然得公平正直耳。"

王羲之引古人的话说明当今，行政必须豁其胸怀，然后才能公平正直，事事、时时顾及自己的得失，这样的人是不能行政的。王羲之在任职期间，是一位为古人所说的行道忘其为身者。王羲之以艺术家的胸怀热爱人民，对人民一往情深。

王羲之一生为官清正廉洁，体恤普通百姓疾苦。他曾对朋友说，有的官员不肯多为人民做事，敷衍了事，做一天和尚撞一天钟，任期一到就拍拍屁股一走了之，这叫什么父母官？

王羲之在视察诸县时，发现仓督监耗盗官米，动以万计。"耗"，管理不善，如虫、鸟、鼠、食以及发霉变质等消耗，是有一定规定的，超过了范围就是仓督监的失职行为；仓督监自己盗窃官米是执法犯法，有的数量巨大，如余姚一个县就达十万斛。

问题的严重性不仅如此，属会稽管辖的其他诸县也同样如此。由于地方官贪赃枉法，致使国库空虚，这是一件关系到国家的经济实力、危及整个国家安全的重大问题。他主张对那些奸吏给予重判，"诛翦一人"起到"杀一人儆百"的作用，只有这样才能"其后便断"。

永和十年（354 年），在王羲之管辖的地域之内发生灾荒，老百姓只能以草根、树皮充饥，不少人在贫病交加的死亡线上痛苦挣扎。王羲之心急如焚，这时候有人提出：官府拿出一点钱粮来赈济灾民。但这显然杯水车薪，解决不了问题。还有人提出，从外地运粮到会稽。但当时其他地方也没有粮食，更何况远水救不了近火，难解燃眉之急。

救荒之要，贵在及时。王羲之巡视郡境五百里，断然决定打开城南几座大粮仓赈济灾民。当时主管补给业务的刘平提出：那些仓库储存的粮食是百姓交给朝廷的赋税，动用不得！擅分税粮轻则罢官，重则杀头！

王羲之向刘平和其他官员解释：粮是百姓缴的，如果百姓逃荒的逃荒、饿死的饿死，又有谁来交粮纳税呢！救命如救火，如果有何严重后果，由羲之一人担当，与你们无关。

开仓赈粮通常被看作是天经地义的事，实则不然。古代很多朝代没有灾害应急措施，动用国库的规矩又定得较死，所以很多官员进行紧急赈灾和自救是要冒被惩罚的危险的，弄不好还要丢官罢职。因为国库所存之粮是上缴朝廷的赋税，每年都有定额，数列细账，动用权在有司，地方官并无权插手。开官仓私自放粮，罪罚可至杀头。

所以通常的做法是上报朝廷，请求调来赈灾之粮，但王羲之知道这次天灾并非一郡之荒，"知郡荒，吾前东，周旋五千里，所在皆尔，可叹。江东自有大顿事，不知何方以救其弊？民事自欲叹，复为意卿示，聊及。"他悲哀地叹道："时既不能开仓廪赈之。"

王羲之不得不在违法与救民中作出选择，他认为，救命如救火，只有马上开仓放粮，才能救民于倒悬。

他在给上司的信中指出了不救灾荒将导致的严重后果："行当是防民流逸，不以为利耶？此于郡为由上守郡更寻详，若不由上命而断中求绝者，此为以利，卿绝之是也。纵民所之，恐有如向者流散之患，可无善详。具闻。"放粮是安定政局的最佳良策。

事后朝廷和皇上并没有对王羲之兴师问罪。这里也有诸多原因，首先，王羲之同情人民，关心大众，在会稽很得民心，威望很高。王羲之在危急关头开仓赈贷，救活了很多人，他们来年仍可以缴纳税负。王羲之在执行这一举措时，任何官员都没有营私舞弊行为，为朝廷赢得了好声誉。

另外，还有一个重要的原因，东晋皇权不振，东晋的皇帝不比其他朝代皇帝至高无上，一呼百应，他对权臣有很大的依附性，权力有限。王羲之为当朝大名士，又有王家余威和广泛的人脉，王羲之在朝廷中就有三亲六戚二十余人，掌握实权，东晋政权依赖他们支撑，皇帝也不能随意降罪于王羲之。《晋书·王羲之传》云：然朝廷赋役繁重，吴会尤甚，羲之每上书争之，事多见从。

作为父母官的王羲之经常上书力争，要求减少赋役，减轻人民负担，鉴于上述种种原因，往往获准。在这当中，谢安起了不小的作用。王羲之曾亲自致信谢安，在信中表达了感激之情，他甚至用夸张的语言说，如没有他的鼎力相助，会稽一带早就蹈入东海不复存在了。

会稽郡内的饥民得到及时救助，控制了流民的增多，生活生产局面逐渐稳定下来。会稽百姓也有幸，大灾之年赶上王羲之当任。

第六章

告誓辞官 　与王述之争

一再北伐失败的殷浩被废为庶人，整天在家里书写"咄咄怪事"。留下的扬州刺史空缺由守丧期满的王述接替担任。王羲之素来看不起王述，耻于做他的下属。两人因此结下"梁子"，王述处处刁难王羲之。王羲之忍无可忍，告誓辞官，从此脱下官帽官衣，回归田园。他的仕途生涯就此画上了句号。作为官员的王羲之已经不存在，而作为书家的王羲之却依旧昂首前行。

❧ 死对头，王述其人

王羲之在会稽郡的好日子并不是很长。晋永和十一年（355年），53岁的王羲之正面撞上与之势同水火的王述。王述可以说是王羲之仕途中一颗躲不过的克星。

王述，字怀祖，山西人。因为袭爵蓝田侯，人称王蓝田。

在《滹南遗老集》中，作者王若虚这样写：晋王述初以家贫，求试宛陵令，所受赠遗千数百条。王导戒之，答曰："足自当止。"时人未之达也。其后屡居州郡，清洁绝伦，宅宇旧物不革于昔，始为当时所叹。予尝读而笑之。夫所谓廉士者，唯贫而不改其节，故可贵也；今以不足而贪求，既足而后止，尚可为廉乎？而史臣著之，以为美谈，亦已陋矣。

山西的王述早年家里贫困，求了个宛陵县县令的官做，收受贿赂一千多次。王导劝诫他，他答说："等我有钱了自然就不这样做了。"当时的人都不理解他。后来他经常调动做州郡一类的地方官，却格外清廉，房子和旧物品都不舍得放弃，这才被人们赞叹。我曾经读到这里而笑他。所谓清廉的人，穷也不会改变他的操守，所以可贵；而他因为没钱而贪婪索取，捞够了后停止，这还能称为清廉么？史臣记录下来，以为是令人称颂的事，真没见识！

王述成名较晚，当时人们都说他是傻子。丞相王导因为他是东海内史王承的儿子，就征召他做属官。大家经常聚集在一起，王导每次讲话，许多人都争着赞美他。王述坐在下席说："丞相又不是尧舜，怎么能每件事都做得对呢？"王导因此非常赞赏他。

关于王述，《中兴书》曰："述清贵简政，少所推屈，唯以性急为累。"《世说新语·忿狷》说："王蓝田性急。尝食鸡子（鸡蛋），以箸（筷子）刺之，不得，便大怒，举以掷地。鸡子于地圆转未止。仍下地以屐齿蹍之，又不得。瞋甚，复于地取内口中，啮破即吐之。"王右军闻而大笑曰："使安期（王承，即王述的父亲）有此性，犹当无一豪可论，况蓝田邪？"

这段大意是说：王述性子很急，有一次吃鸡蛋，用筷子去扎，没扎住，十分生气，便把鸡蛋扔到地上。鸡蛋在地上骨碌碌地转个不停，好像在故意气他，他气急败坏从席上下来用木屐鞋齿去踩，又没有踩到。愤怒至极，他竟然从地上拾起鸡蛋放入口中，把鸡蛋咬碎了然后吐掉。王羲之听说后大笑说：如果王述的父亲有这样的性格，哪里还有王述呢？由此可见，王羲之从骨子里就瞧不起王述。

咸康二年（336年），王羲之由会稽王友改授临川太守时，与羲之齐名的太原王述从骠骑功曹出为宛陵令，只是一位县令，位居于王羲之之下。后王述补临海太守，迁建威将军、会稽内史。永和七年（351年），王述因母忧去职，王羲之代其为会稽内史。代任期间，"而羲之甚轻之，由是情好不协。"王羲之很看不起王述，从此两人产生了矛盾。

王述对王羲之怀恨在心，恨不得马上找机会报复。天遂人愿，没过多久，机会果真就来了。王述服丧期满后，重入仕途，代殷浩为扬州刺史，加征虏将军。扬州不但是个大郡，而且是京城所在地，此地的刺史非同一般，其官位大大高于王羲之。

王述受诏担任扬州刺史后，在会稽郡内大拜宾客，等闲官宦人家都去了，唯独没有到郡署拜会内史王羲之，而是从郡署门前一别而去。王羲之对此并没有放在心上，一则他本来就不愿和王述这样的所谓"名士"过多交往。二则他终日忙于郡务，不屑于这种钩心斗角的人事之争。

会稽郡在扬州辖区之内，王述自上任后，便对会稽郡百般刁难。前几年的大旱引发的饥荒刚过，百姓刚刚稳定下来，近来收成略有好转，王述就发来了征调粮草的公文，而且让人不能理解的是，会稽郡被征调的粮草要比其他郡明显多数倍。

会稽郡拖欠的朝廷征纳的税赋（即所谓逋滞）无法上缴，

"舍逸而就劳，叹恨无所复及耳"，王羲之不由自主地表现出他厌恶仕途官场的思想。

王述对王羲之的有意刁难远不止此。他每次巡察会稽郡，监察会稽行政事务，都要提出许多无理的要求，而且在同僚中制造谣言，说王羲之出守会稽，是为了以后在此处养老，实不善治郡，徒以工书成名。说他实际上并不善于治理会稽郡，只不过是靠擅长书法而名声在外，等等。

更让人不能容忍的是，甚至连王羲之开仓放粮、救民于水火的善行，也被他宣讲得变了味儿。这其中，王述的儿子王坦之（当时被誉为"江东独出"）也助纣为虐，帮他父亲整治王羲之。上阵父子兵，王述父子合起伙来对付王羲之。

在刚得知王述出任扬州时，王羲之已经深感危机，他"耻为之下，遣使诣朝廷，求分会稽为越州。"王羲之曾遣使者前往京城陈述：会稽以南几个郡距离扬州治所较远，征调、述职都有所不便，建议割会稽等几郡为越州。然而，此时好友殷浩已经不在朝中，大权在握的安西将军、荆州刺史桓温虽不在京城，却可以遥加控制。桓温早已经把王羲之划归殷浩的同党，因此对于他的请求根本不予理会。结果"行人失辞，大为时贤所笑"，王羲之此举不但未达到目的，反而给他人以笑柄。

虽然在《兰亭集序》里，王羲之表现得颇有气量和涵养，可在官场和生活中，他也是一个凡人。对于王述父子的行径，王羲之虽然引为奇耻大辱，却无可奈何。他气愤至极时，甚至拿自己的儿子出气："吾不减怀祖（怀祖是王述的字），而位遇悬邈，当由汝等不及坦之故耶。"我和王蓝田比起来，要说能耐，并不比他差，但却没他混得好，你们当儿子的，自然也就更不如他的儿子了。王羲之的这番私房话，当时倒也是实情。

王羲之父子与王蓝田父子相比，官场皆不得意，不如你的人混得比你好，心里就会不痛快。心高则气傲，气太傲，就会不合时宜。这或许是文人的通病吧。

关于王羲之的种种谣言甚至诬蔑越来越厉害，对手甚至把脏水泼向了王羲之父亲头上。王旷投降事件，因晋元帝与王羲之是至亲，消息原已被摁压下去，但如今又被旧事重提，并添油加醋地大加宣扬。父亲之事正是王羲之的最痛处，是他永远也无法修复的创伤。

面对王述的种种挑衅，王羲之意识到，如果自己不辞职，王述绝不会轻易放手，他可能处处刁难、折磨自己。自己受天大的委屈尚可接受，但令已故的父母双亲跟着受辱，倘若先人有灵，必然地下不安。这是王羲之无论如何也无法接受的。

称病弃官，告誓父母

踌躇之后，王羲之决定"称病去郡"。在古代中国，学而优则仕，当官意味着对一个人的肯定。不当官必定有原因。王羲之不当官，有人甚至以为他主要还是与王述在赌气。这种看法未必正确，但不能不说是其中的一个原因。王述恐怕是王羲之一生中最看不上、最不服气的一个人，但碰上这么一个死对头，书圣也别无良方。

公元355年，即穆帝永和十一年三月九日，这是一个吉日。春暖花开，万物复苏，一切都预示着崭新的开始。王羲之特意选择这一天，在父母墓前肆筵设席，举行告誓先灵的仪式：

> 维永和十一年三月癸卯朔，九日辛亥，小子羲之
> 敬告二尊之灵。羲之不天，夙遭闵凶，不蒙过庭之

训。母兄鞠育，得渐庶几，遂因人乏，蒙国宠荣。进无忠孝之节，退违推贤之义，每仰咏老氏、周任之诫，常恐死亡无日，忧及宗祀，岂在微身而已！是用痛慨永叹，若坠深谷。止足之分，定之于今。谨以今日吉辰肆筵舍席，稽颡归诚，告誓先灵：自今之后，敢渝此心，贪冒苟进，是有无君之心而不子也。子而不子，天地所不覆载，名教所不得容。信誓之诚，有如皦日。

王羲之向双亲亡灵陈词告誓，他将离开官场，绝禄退隐。这就是后世流传的《告誓文》。《告誓文》情感真挚、诚恳动人，在自谦自责的背后隐藏一种无可奈何、十分忧伤的情绪。王羲之从秘书郎起家到弃官退隐，经历了政坛的风风雨雨。他的萌生退意，其实并非王述单方面原因。

王羲之在《与孔彭祖帖》中叹息："殷废责事便行也，令人叹怅无也。"《增运帖》云："吾于时地甚疏卑，致言诚不易。"他深深地感到人微言轻。皆谓尽当今事，宜称，好仗义执言，朝廷自然不喜欢他。

王羲之本来对仕途并不感兴趣，但既然入仕总想为人民办点实事，然而却处处遇到阻挠，他在《此郡帖》中写道：此郡之弊，不谓顿至于此，诸逋滞非复一条。独坐不知何以为治，自非常才所济。吾无故舍逸而就劳，叹恨无所复及耳。夏人事请托，亦所未见。小都冀得小差，顷日当何理。

王羲之辞官一个直接的、公认的原因是与王述的矛盾。王羲之政治上不得志，现在又屈于王述的管辖之下，引起许多人的耻笑，其心境可想而知。王羲之毕竟是位艺术家，他热爱会稽的山山水水，"从山阴道上行，如在镜中游"，神仙般的生活

对他有着极大的吸引力，他信奉道教，经常接触的亲朋好友不少是信道入迷的名士，和他们一起浪迹山水，风流自赏，脱离官场的明争暗斗，这些均使他下决心辞官退隐。

无官一身轻，王羲之决心脱去官服朝靴，从此成为自由人。

第七章

晚年生活 回归自然

王羲之骨子里是一位艺术家，对尔虞我诈的仕途政治不感兴趣。他更多是想浸淫于山水，所以他的一生都在希望与自然接触，融入自然，由此民间曾流传许多他的逸闻趣事。不在官场，王羲之晚年除了安享天伦之乐，研习书法之外，把大量精力放在养生上。鼓山炼丹服食，原本想长命百岁，不料却害了自己。从来没有完美的人生，书圣也不例外。

去意已决，谢绝圣意

在琅玡王氏中，王导以门阀士族的身份掌握东晋国柄，成为江左胜流者；而后世以文化艺术成就最高者则是王羲之。永和十一年（355 年）三月，王羲之称病弃官。告誓之后，王羲之感觉轻松不少，他一生身处逆境，时刻为人格自由和朝廷复兴奋斗，此时早已经身心俱疲了。他是一个文人，但他又生于官宦之家，朝廷和个人之间关系和谐调整，成为他毕生追求却又不可及的目标。所谓"谋事在人，成事在天"，既然事不能遂人愿，急流勇退未尝不是一个上好的选择。

这一年，王羲之53岁，有七子一女，内外孙一十六人，三世同堂，门户兴旺。王羲之带着儿子操之等从会稽蕺山徙居金庭。《道光嵊县志》："（王羲之）《宅图帖》：'丘令送此宅图，云可得四十亩，尔者为佳，可与水丘共行视，佳者，决便当取问其价。'"此宅指的似乎就是金庭，大概王羲之在任会稽内史时，就曾经派遣人在剡东行视择定宅地。他已经早早地为自己选择归隐之地了。

剡是古地名，因剡溪而出。剡东，即剡溪之东，位于今浙江省新昌境内。古之剡即今之新昌、嵊州地域。地处曹娥江上游，位于会稽山、四明山、天台山交叉盘结之区。群峰过峡，众山关健，层峦叠嶂，洞穴幽奇。李白《秋下荆门》有"此行不为鲈鱼脍，自爱名山入剡中"的诗句，赞美剡之风光。《剡录·序》："山阴兰亭禊，剡雪舟，一时清风，万古冰雪……天下多奇山川，而一禊一雪，致有爽气，可谓人矣！江左人物如此，然二戴在剡，王谢在剡，孙阮辈又在剡，非天乎？汉迨晋永和六百余年，右军诸人乃识剡。"真是白居易所称，"东南山水越为首，剡为面……夫有非常之境，然后有非常之人栖焉。"

王羲之是我国文学艺术史上特殊之人物，"其欣赏自然界美景之能力甚高，而浙东山水佳胜，故于此区域作'寻田问舍'之计……"这大概就是王羲之归隐剡东的原因之一。

谢万是王羲之晚年的好友，他是谢安的四弟，早年有时誉，善属文，但无治军之才。谢万在寿春战败，逃跑之前，还要他的玉饰马镫。当时谢安也在军中，他并没有批评过谢万一次，

这天也只是说:"眼前还需要这样讲究吗!"

谢万出仕吏部郎后,曾经力邀羲之再次出山。王羲之曾与谢万写信,在信中,王羲之告诉谢万,自己选择归隐,不是以退为进的手段,而是自己多年以来的夙愿,心情十分轻松,生活也很舒适,并不同于其他隐者"或被发佯狂,或污身秽迹"的艰辛处境。他说这种安逸的生活实是"天赐",用"违天不祥"委婉地拒绝了谢万的好意。

朝廷以王羲之誓苦,亦不复征之。朝廷看到王羲之誓不做官的态度坚决,也就不再征召他重新出仕当官了。

虽然退下来了,王羲之还十分关注朝廷大事。358 年,谢万为豫州都督,矜豪傲物,以啸咏自高。出于对好友的关心,56岁的王羲之亲自致书劝诫他说:"以君迈往不屑之韵,而俯同群辟,诚难为意也。然所谓通识,正自当随事行藏,乃为远耳。愿君每与士之下者同,则尽善矣。食不二味,居不重席,此复何有,而古人以为美谈。济否所由。实在积小以致高大,君其存之。"

他劝诫谢万一定要与士卒同甘共苦,征求多方建议,而不要像以前那样恃才傲物。可惜,谢万没有真正领会其中含义,也并未采纳。

第二年,会稽王司马昱任谢万为西中郎将、豫州刺史、都督司、豫、冀、并等诸州诸军事。王羲之以朝廷大事为重,并不避与谢万是好友,他在《与桓温笺》中指出谢万并非将才,无军事才能,不堪领兵,可惜没有被采纳。

这一年,谢万、郗昙率军攻燕,结果大败。谢万致书王羲之云:"惭负宿愿。"王羲之答书:"此禹汤之诫。"

安享天伦，郗璇相伴

王羲之晚年生活，还算安逸自在。一切终于可以完全由自己做主，再也不用看王述等那些官场大人的脸色了。会稽有佳山水，可与东土人士尽山水之游，弋钓为娱。又可与道士许迈、隐者谢安共修服食，不远千里，采集药石，游遍东土诸郡，穷诸名山，泛游沧海。王羲之对这种生活相当满意，他曾叹曰："我卒当以乐死。"

闲时在家修植桑果，每至花开果熟时节，带领众儿孙，游弋其间，共同分享种植鲜蔬的乐趣。他甚至参加一些简单的农事活动，在给好友益州刺史周抚的信中，可以知道他向周抚索要过胡桃、青李、来禽等西蜀植物的种子。儿女较他幼时所处的环境已经相当优越，不可避免沾染了当世的轻薄之风，他以敦厚退让教诲子弟，尽家长之责，极天伦之乐。

辞官后，王羲之又悉心研究，博采众长，使其在书法艺术上又攀上一个高峰。自他定居金庭后，书法兴起。其后裔多擅书画，作品挂满厅堂、书房，人称"华院画堂"。后人定村名为"华堂"，沿称至今。王羲之遗迹遍及全县各地。嵊西独秀山为王羲之读书处，山上观音殿悬有"右军旧游地"匾额；山麓建桃源乡乡主庙，奉王右军为乡主。嵊北崓山的羲之坪、嵊东的清隐寺、嵊新交界的王罕岭等，均为王游憩之地，至今尚有遗迹可寻。

由于旧社会对妇女的歧视，即使像郗璇这样出身高贵的才女，也很难从史书中找到更多她的相关记载，所以只能把她作为王羲之的影子，从中了解些许行踪。从王羲之下面这封信中

可以推断，她在王羲之辞职回金庭前，已经带着儿孙们先到了金庭。王羲之在信中这样说：

吾之朽疾，日就羸顿，加复风劳，诸无意赖。促膝未近，东望慨然，所冀日月易得，还期非远耳。

"促膝未近"，指妻儿已离他远去。"东望"指山阴以东的剡县金庭。郗璇回金庭后，身体欠佳，在王羲之给郗愔、郗昙的信中，常提及郗夫人的病情：

贤姊大都转差，然故有时呕食不已，是老年衰疾久，亦非可仓卒。

夫人涉道康和。

妇安和。妇故羸疾，忧之焦心，余亦诸患。

姊故诸恶，反侧。

舍内佳不？中书何从？家中疾笃，拯救旦夕，比知觉有省，书想至。

贤姊大都胜前。

"姊"、"妇"、"家中"，都是指的家妻。信中说郗璇患病，经过日夜抢救，方才恢复知觉。

儿女们对郗璇也十分孝敬，虽在外为官，向她请安的书札几乎每月不断，在《全晋文·王献之集》中，就有不少孩子向母亲问安的信。这些信虽然大多是向母亲问安的，但说的都是操之、献之自己患病、服散的事，可能他们年纪也不小了。但是，信中却极少见到郗夫人有病，仅睡眠、胃口稍差，可以推测老人身体总体还算健康。

郗璇活得很长寿，《世说新语·贤媛三十一》载：

王尚书惠尝看王右军夫人，问："眼、耳未觉恶不？"答曰："发白齿落，属于形骸；至于眼、耳，关

乎神明，那可便与人隔？"

后来官做到尚书的王惠，曾经去看望王羲之的夫人，问："眼睛、耳朵都有没有问题？"

郗璇回答："我头发都白了，牙齿也脱落了，属于老迈身躯了。至于眼睛耳朵，是与神明息息相关的，怎么可以与人隔绝呢？"

看来，郗夫人并不在意"发白齿落"一类的"属于形骸"问题，她所关心的是永恒的神明，所以重视眼睛和耳朵，因为这是与人的神明息息相关的。耶稣有句名言："眼睛就是身上的灯。你的眼睛若明亮了，全身就光明；你的眼睛若昏花，全身就黑暗。"

梁朝人刘孝标在这篇文章中夹了两条批注：

《宋书》曰："惠字令明，琅邪人，历吏部尚书，赠太常卿。"

《妇人集》载《谢表》曰："妾年九十，孤骸独存。愿蒙哀矜，赐其鞠养。"

前一条所注中的王惠，字令明，是王导的曾孙。生于晋太元十年（385 年），死于南朝宋元嘉三年（426 年），活了四十二岁。郗璇比王惠大了八十多岁，王惠去看郗璇应当在年纪很小的时候。

郗璇自己在《谢表》中说："妾年九十"，我已经九十岁了。朝廷为了表彰她的长寿，奉为国养，即由国家来供养。这在当时是对高寿者的崇敬和奖赏，也是当时的一种礼制。

郗夫人九十岁时，大约在太元十七年（392 年），七子中只有凝之、操之还在世，或许已经五世同堂。他们还举行过盛大的庆典，孝武帝命光禄大夫王默前来庆贺，并御赐鞠养敕书。

孝武帝是简文帝司马昱的儿子，简文帝的祖母夏侯太妃和王羲之的祖母夏侯氏是同胞姊妹。所以，按辈分论，郗璇是孝武帝的表姨母，御旨庆贺奉为国养也就在情理之中。王默是王导的孙子，应当称郗璇为伯母，他带着小儿子王惠同来，所以才有了《世说新语》中记载的郗璇和王惠那篇一老一少的绝妙对话。

《宋书》上说，王惠幼而夷简，言清理远，兄王诞誉为"后来秀令，鄙宗之美"。《世说新语》大都记录的是魏晋之事，王惠为南朝刘宋人，独将其编入，可见此事广为流传，其事可信。刘孝标是梁朝人，也是文史大家，离晋朝不远，注引郗夫人《谢表》也应该确凿无疑。

修身养性，道教中人

王羲之归隐剡东，还有一个重要原因，这与他的宗教信仰有关。琅玡一带地处滨海，是神仙学和道教的重要发源地。东汉以来，此地道教炽盛，琅玡王氏即世代信奉五斗米道。王羲之的道教信仰有着深厚的家庭背景。王氏家族是东晋时最有代表的文化士族。从上到下，奉信黄老学说。

《晋书·卷八十·列传第五十》记载，王氏家族"世事张氏五斗米道，又精通书道"。《道经》中记载了王羲之始祖王子晋向往神仙之灵虚，迈行放达于天台北门金庭桐柏山（即今嵊州金庭）第二十七洞天（道界三十六洞天之一）的故事。《潜夫论》记载："因氏王氏，其后子孙，世喜养性、神仙之术。"

可见，无论是王羲之的祖上，还是其子孙、亲戚朋友，都是虔诚的道教信仰者。同时，王氏家族还是名门望族，素来重视对家族成员文化素养的培养。王羲之置身其中，耳濡目染，自然不外其例。

陈寅恪在《天师道与滨海地域之关系》中说，六朝人最重家讳，而"之"、"道"等字则在不避之列，实与宗教信仰有关。琅玡王氏从王羲之一辈起，名字上屡世都带一个"之"字，王羲之的儿子玄之、凝之、徽之、操之、献之；孙子桢之、静之。上述人为什么不避家讳？这里藏着个大秘密，与西汉张良有关。王羲之一辈人名有"之"字的12个，子侄辈有"之"22个，孙辈12个，曾孙13个，玄孙9个，五世孙4个……这些人所以不避讳是因为都是天师道成员，这个"之"是暗号、徽章。而天师道老大张天师，就是张良的八世孙。

王羲之的书法艺术达到了"登峰造极"的高度。究其成因，与王羲之信奉道教，书、道合一也有很大的关系。土生土长的道教，很早就产生道教符。在抄写经书时，必须由精于书艺的经生抄写，而在书写经本过程中不知不觉地受到了道教文化潜移默化的影响。历史上诸多道家学者多是有名的书画家，他们修身养性，既精通道法，又能挥毫泼墨，落笔成体。王羲之就是这方面的典型代表，他将修道和书法艺术相互契合，相得益彰，因而产生了巨大的艺术魅力。

吴会临近滨海，当时亦是道教之地域。《三国志·孙策传》注引《江表传》载，汉末，年过百岁的于吉曾"往来吴会"，传播五斗米道，为孙策所杀。这个记载虽然并不可信，但天师道起自东方，传于吴会，就不全是诬妄之说了。《剡录·纪年》引《道书》："'两火一刀可以逃。'说剡地多名山，可以避灾……自汉以来，扰乱不少，故剡称福地。"

沃洲山地域属丘陵低谷台地。晋宋时声名很大。《太平寰宇记·江南道八·越州》沃洲山条："在（剡）县东北五十里，白居易有沃洲记。"据《高僧传》、《世说新语》、《剡录》，当时聚集在沃洲山的人，除了王羲之与支遁外，还有许迈、郗愔、郗昙、殷仲堪、戴逵、王洽、许元度、殷融、郗超、孙绰、谢安以及王羲之的几个儿子等六十余人。他们都因为天师道浸染传习而盘桓在会稽、剡中。可谓人与山相得于一时。

另有记载王羲之于剡东之行踪是鼓山。《新剡琅玡王氏宗谱》载有路应撰《唐越州剡县鼓山王右军祠堂碑文》以及升平四年（360年）王右军《鼓山题辞》。碑文中提到王羲之：

> 早镇会稽，晚遁鼓山……创金庭道院于功岭（罕岭），晚年托迹炼丹鼓山，创紫芝庵，置山市田。其孙相国尚之居剡，立祠于山之麓，以奉祀事，轮奂翚飞，成一方千古之壮观。

又题辞：

> 致政金庭，南明别墅，光鼓西涯，剡邑东鄙。……鼓宏对旗，巅夷若砥，其地可锄，有药可饵。奚翅沃洲，岂让天姥，结庵紫芝，爱居乐土。

鼓山也位于新昌境内。王羲之晚年不但在此结庵、采药、炼丹，还置田宅别墅。王羲之在剡东罕岭建置金庭观，与其避世修生有关。道家有重视山的传统。秦始皇派徐福到海外寻找仙山仙药，虽然荒唐可笑，但也可以说明人们对洞天福地的向往。

王羲之奉道，致使其对于山岳的崇信。王羲之的不明病症，更加产生对洞天福地之向往。故其选择罕岭，作为辞官后的养生之地。养生是所有中国道士必须完成的修道内容。居于深山，既锻炼身体，又净化心灵，地理环境和气候对人的影响极大。

　　道家历来都从事医。东汉时期出现的太平道和五斗米道都是以"治病"的形式发展起来的。从道家理论上讲，似乎掌握医就是掌握了道的一种形式。在王羲之尺牍中，我们可以感知他是一位身体力行的药草研究家。因此，药草的种植、采集和研究也许是王羲之于罕岭的一种修身行为。

　　当然，炼丹也是道家避世修行的内容。炼丹要选择名山，寻觅清静无人处所。

　　据记载，王羲之晚年还曾亲自炼丹。中国的炼丹分内丹与外丹。王羲之属外丹，称之为丹鼎道派。中国古代金丹术发展到魏晋时期已趋成熟。以现代科学观点，炼长生不老丹是为妄谈，但这一过程确实包含着丰富的化学意义。其中提炼金丹的玄黄所用的原料是铅（Pb）和汞（Hg）。《黄帝九鼎神丹经诀》："玄黄法：取水银十斤，铅二十斤，钠铁器中，猛其下火，铅与水银吐其精华，华紫色或如黄金，以铁匙接取，名曰'玄黄'。"玄黄即是铅、汞氧化物的混合物。服这种丹药，身体就容易受化学药品的侵害。

　　王羲之在服食与服丹的同时，就要服用各类药草，以抵止服食丹药所产生的副作用。这类药草，在尺牍中也有具体的记载，如旃罽帖、胡桃帖、药草帖、来禽帖（以上《十七帖》）、狼毒帖、黄甘帖所提及的旃罽、胡桃、青李、蜜柑、苹果、菊、狼毒、樱桃、来禽、日给藤等药草。

　　剡东地域是丘陵与河谷平原，属亚热带季风气候，温和湿润，四季分明，同时又具有典型山地气候特征，水平、垂直方向差异明显。土壤以红壤、黄壤、岩性土、水田土壤为主，肥力强。降水与地下水丰富，日照时间长，有多照回温过程。这些因素，皆有利于作物的生长。地质、地貌的优势，给王羲之在药草的寻找和种植上带来了便利。

王羲之既要在山中寻找药草，又要在自己的园子里种植药草。《十七帖》通几乎是"蜀地之书"，通过居于巴蜀的周抚寄送药草。为了取得身体的活力，滋养强壮剂，他晚年居剡东主要的精力聚集于养生之事上。《法书要录》所收王羲之尺牍凡465通，言及书法者仅一条："君学书有意，今相与草书一卷"，即是证明。

王羲之晚年于剡东沃洲山访友、鼓山炼丹，而其居处与卒地是金庭。

老妇烹鹅，羲之卖当

王羲之归隐后，留下许多有关他书法事迹的美好传说。

王羲之定居金庭，每逢除夕都要亲手写春联贴之于门。很多人都想得其字而又难得，所以每年除夕他的春联一贴出，不到半夜，就被人偷偷揭走。

这一年除夕又到了，王羲之灵机一动，写下"福无双至，祸不单行"八个字的春联，留下了下半截。想偷对联的人一看此八个字太不吉利，便扫兴而归。到了寅时，王羲之补了后半截，变成了"福无双至今日至，祸不单行昨夜行"。

第二天一大早，想偷春联的人见春联变了样，皆赞叹不已，拍手叫绝。

又据说，王羲之晚年曾经去他的门生家，见棐几滑净，就忍不住在上面写了几句，真书和草书相伴其中。结果，门生的父亲不懂，以为是有人在上面乱涂就刮了去，门生知道后，又惊又懊悔了许多天，肠子都悔青了。

关于王羲之与鹅的故事，流传下来的有很多版本。他在绍兴一带居住时，经常漫步在水乡泽国，观察群鹅。一只又一只的鹅，羽毛整洁美丽，体态雍容华贵。它们有的浮游，有的高歌，有的嬉戏……他入迷地看着，有时竟忘了回家吃饭。

有一天，王羲之惊喜地发现，有只鹅长得不同寻常，它的羽毛像雪一样白，顶冠像宝石一样红，尤其是叫声分外悦耳动听。他非常喜爱，立即派人到附近去打听，想把这只鹅买下来，就是多出一倍的钱也在所不惜。一了解，原来鹅的主人是一位白发苍苍的老妇人，老人家身边没有什么亲人，只有这只白鹅做伴。她虽然家里很穷，这只鹅却怎么也舍不得。

王羲之知道了这些情况后，体谅老人的心情，表示不买这只宝贵的鹅了。为了进一观察，他决定登门拜访。老妇人听说王羲之要到她家参观，高兴极了，可是拿什么来招待贵客呢？老人家正在犯愁，忽然院子里响起了"哦——啊——"的叫声。为了招待客人，老人就把心爱的白鹅杀了，做了一道美味的菜肴。不一会儿，王羲之迈着匆匆的步伐走进这简陋的茅屋。当他了解到热情慷慨的主人把仅有的一只心爱之物拿来待客时，眼睛湿润了。王羲之让人找来墨笔，在随手带来的六角竹扇上挥毫写字，递与老妇人，嘱咐说："老人家，我没什么感谢您的，请把这个扇子拿到市上，卖上一百钱，用来贴补生计吧。"

还有一则《王羲之卖当》的故事。有一年春天，王羲之去杭州探访好友，走到苏州地面，步上一座石桥，举目四望，见前边有座小村庄，飘扬的酒旗在落日的余晖中闪光，袅袅炊烟从茅屋顶上缓缓升起，三三两两的农人向村庄走去，这是一幅多么美丽的图画呀。王羲之流连忘返，在桥边停下，月亮升起的时候，村庄一片朦胧，别有一番景致。他沽一壶清酒，买几盘小菜，自斟自饮起来，夜半时分，带着几分醉意，渐渐睡去。

第二天醒来，忽觉头上沉重，回到馆舍躺下就病了，书童请来苏州的名医为他诊治，王羲之整整病了一个月。出门时身上所带的盘缠也已用光，要到杭州看朋友也不能了。怎么办？他忽然记起在馆舍对面有个当铺，那个"当"字已经破旧不堪了。于是就叫书童铺纸磨墨。他写好一个"当"字，叫书童拿去当了，价格是 30 两银子，少一个子儿也不当。书童来到当铺，展开王羲之的字，老板一看，果然是个好字，就问当多少钱，书童说 30 两银子，少一个子儿也不行。老板端详着，说："好字是好字，只是带着病容，不值不值。"

书童回来把老板的话说给王羲之，王羲之说："我就再写一个。"书童又拿去，老板一看，说："这个'当'字比那个有力多了，只是带着孤气和怒气。就这样吧，我要了。"交给书童 30两银子。

王羲之到杭州，朋友摆了一桌丰盛的酒宴招待王羲之，在座有位朋友的亲戚，开着一个当铺，想求王羲之写个"当"字，当作招牌。王羲之说："我已经写好了一个'当'字，你去取回来就是了。"说完就把当票掏出来，交给那人。

那人带着银两到了苏州，见到当铺老板，就要回当。老板听他的口音不是本地人，跑这么远要回当，以为他是个疯子。可一看当票是真的，就想坑他一次，连本带利开口要他 40 两，那人当即掏出 40 两给了老板。老板有点纳闷，明显是坑他，他却喜滋滋地花银子赎当。就问："这个字有什么珍贵的？"那人说："这是大书法家王羲之的真迹。你老先生有眼不识金镶玉！"

老板惊道："我拿 50 两银子要你的当字，要不 100 两，100两！"那人又摇头又摆手地拒绝了，回到杭州，见了王羲之，交出了那个"当"字。

　　王羲之接过来看都没看，嚓嚓两下把那个字撕个粉碎。那人觉得太可惜了，王羲之却笑笑说："生意人最重要的是一个'和'字，和气生财么，这个字是我病好后心情不好的时候写的，带着几分怒气，不好，我现在再给你写一个，保准你挂出去能发财。"

　　于是，杭州的朋友展纸磨墨，王羲之运气着力，挥笔写下一个很大的"当"字。这个当字经高级工匠刻制，挂在杭州城的通衢大道处，非常显眼，那人的生意从此就红红火火起来。后来，杭州的当铺成了全国最出名的当铺。

第八章

王羲之和他的儿子们

说到王羲之和他的书法，就不能不提他的后代。王羲之的儿子玄之，善草书；凝之，工草隶；徽之，善正草书；操之，善正行书；焕之，善行草书；献之，则称"小圣"。黄伯思《东观徐论》云："王氏凝、操、徽、焕之四子书，与子敬书俱传，皆得家范，而体各不同。凝之得其韵，操之得其体，徽之得其势，焕之得其貌，献之得其源。"其后子孙绵延，王氏一门书法传递不息。

🌥子孙相承，书香不断

王羲之共有七子，比较知名的有五位。长子王玄之，字伯远，工草书和隶书。其妻何氏。玄之婚后不久病逝，身后无子，以其弟凝之之子蕴之为嗣。玄之生前曾参与父亲羲之主持的兰亭聚会，有帖传世。

次子王凝之，字叔平。历任江州刺史、右将军、会稽内史，亦工草书和隶书。他也曾参加父亲王羲之主持的兰亭聚会。其妻为才女谢道韫。谢道韫出身名门望族，是赢得"淝水之战"的一代名将谢安的侄女，安西将军谢奕之女。自幼才学过人，甚是聪慧，且勇敢果断，品位高雅，是东晋才女诗人。《晋书》本传记她"风韵高迈"、"神情散朗，有林下风气"。

谢道韫嫁到王家数十年，恪尽妇道，温良恭俭让，无人不认为她是不可多得的好媳妇。十年间，王凝之在谢安保荐下，从江州刺史、右将军，一直荣升为主管一郡军政大权的会稽内史。就在王凝之担任会稽内史时，发生了"孙恩之难"。贼兵孙恩造反，杀到门前，王凝之还在求神拜佛，每天闭门默祷，以为道祖必能庇佑一郡生灵。一介弱女子谢道韫在劝谏无效的情况下，学她叔父谢安"但尽人事，各凭天命"，亲自招募了数百家丁天天训练，组成一支突击队。

孙恩大军长驱直入，王凝之仓皇出逃，在城门附近被对方截住，糊里糊涂地就被砍了脑袋。谢道韫则镇定自若，带领队伍乘乱突围出城，横刀在手，乘肩舆而出，冲到大街上，一如她在青绫幕幢后的谈笑风生，其胆识与谋略不由得令人刮目相看。谢道韫虽勇而力不能敌，终成贼兵俘虏，但其言行令贼兵孙恩也大为心折，对其改容相待，命人送她安返故居。此后，谢道韫一直寡居会稽。家破人亡的谢道韫并没因此难而自艾自怜幽怨生活，心性也并没因世事变故而改变，依然淡定从容，为闻名而致的学子传道授业解惑，使受益者众。宋蒲寿宬在《咏史八首·谢道韫》中写道："当时咏雪句，谁能出其右。雅人有深致，锦心而绣口。此事难效颦，画虎恐类狗。"

王羲之三子王涣之，善草书。自幼学习父亲书法，达到了

形似的程度。有帖传世。涣之也参与了父亲王羲之主持的兰亭聚会。

四子王肃之，字幼恭，历任中书郎、骠骑咨议。参加过父亲王羲之主持的兰亭聚会，并有诗流传于后，只是不见其法帖传世。

六子王操之，字子重。历任秘书监、侍中、尚书及豫章太守等职。其妻贺氏。贺氏祖父为当朝司空贺循。操之有宣之、慧之两子。

王羲之唯一的女儿，成人后嫁给浙江余姚的刘畅，生一子一女。儿子刘瑾，颇有才力，曾任尚书、太常侍卿等职。女儿刘氏，嫁谢奕之孙，生一子，就是著名诗人的谢灵运。按此算来，谢灵运应是王羲之的重外孙了。

性卓不羁，侍郎徽之

在王羲之的几个子女中，书法成就最为突出的有两个，五子徽之和七子献之。

王徽之，字子猷。生性卓越出众不拘礼法，平素性情放纵，喜爱声色。当时的人大都钦佩他的才能，而认为他的行为有污点。他在做大司马桓温参军时，蓬乱着头发，衣不系带，不太管理府上事务。后来做了车骑桓冲的骑兵参军。王徽之身上名士习气浓重，甚至连他的顶头上司桓冲也不放在眼里。有一次在路上遇暴雨，王徽之便挤进桓冲的车内，要和他的领导一起乘坐，还振振有词地说："你怎么可以独自一人占着这车呢？"

王徽之的官做到黄门侍郎后，便弃官归家了。他和王献之两人都生了重病，有术士说："人命完结的时候，如果有活人乐意替代。那么死者就可以活。"徽之说："我的才能和地位不如弟弟，请用我的余年替代他。"术士说："替代将死的人，是因为自己的寿命有余，能够补足将死的人。现在你和你的弟弟寿数都到了尽头，怎么替代呢？"

不久，王献之去世。徽之前去奔丧却不哭，直接走上灵床坐下，拿过献之的琴弹起来，弹了很久，琴声走了调，徽之叹息说："哎呀，献之，人和琴都长逝啦！"说完就一头栽倒。他原先就患有背疮，于是疮部溃裂，一个多月后也去世了。

天才短命，"小圣"献之

王羲之最小的儿子王献之（344—386 年），字子敬，生于山阴。他是兄弟中书法成就最高者，专攻草隶，擅长绘画。由于其书艺超群，历来与王羲之并称为"二王"，或尊称为"小圣"。王献之年纪很小就名气很大，高傲豪迈不羁，虽然终日在家，仍然有很多人慕名前来拜访，成为当时最风流的名士。

王献之曾经担任过州主簿、秘书郎、秘书丞、长史、吴兴太守等官职。成为简文帝驸马后，又升任中书令（相当于宰相）。但政绩一般，远不如他的书名显赫。故人称"大令"。

在王羲之的七个儿子中，王献之最具禀赋，敢于创新，不为其父所囿，从而也为魏晋以来的今楷、今草作出了卓越贡献。王羲之所撰《笔势论》道："告汝子敬，吾察汝书性过人，仍未闲规矩"，"今述《笔势论》一篇，开汝之悟"，并"今书《乐毅论》一本"，"贻尔藏之"。

《书估》中曾这样记载：升平三年（359 年），16 岁的王献

之对王羲之说："古之章草，未能宏逸，颇异诸体。今穷伪略之理，极草纵之致，不若稿行之间，于往法固殊，大人宜改体。"对于献之让自己改书体一事，王羲之只是笑而不答。我们从中却可以看出王献之的年少气盛，连他老爸也不放在眼里。王导的第四个儿子王洽，隶、行、草都写得非常好。可惜在这一年就死了，年仅44岁。王羲之曾经说过："弟（指洽）书遂不减吾。"我弟弟王洽的书法并不比我差啊。这却反衬出书圣的谦逊与大度。

关于王献之也有许多传说。他七八岁时师承父亲学习书法。有一次，王羲之看献之正聚精会神地练习书法，便悄悄走到背后，突然伸手去抽献之手中的毛笔，献之握笔很牢，没被抽掉。父亲很高兴，夸赞道："此儿后当复有大名。"小献之听后心中沾沾自喜，跑去问母亲郗氏："我只要再写上三年就行了吧？"

母亲摇摇头。"五年总行了吧？"母亲又摇摇头。献之急了，冲着妈妈说："那您说究竟要多长时间？"

"你要记住，写完院里那18缸水，你的字才会有筋有骨、有血有肉，才会站得直、立得稳。"献之一回头，原来父亲站在他的背后。

王献之听了父亲的教导后，再也不敢偷懒贪图捷径，夜以继日脚踏实地地练习。他咬牙又练了5年，把一大堆写好的字给父亲看，希望能听到几句表扬。谁知王羲之一张张掀过，一个劲儿摇头。掀到一个"大"字，父亲现出了较满意的表情，随手在"大"字下填了一个点，然后把字稿全部退给献之。

献之心中不服，又将全部习字抱给母亲看，说："我又练了5年，并且是完全按照父亲的字样练的。您仔细看看，我和父亲的字还有何不同？"

母亲认真地一页页翻看，最后指着王羲之在"大"字下加的那个点儿，叹了口气说："吾儿磨尽三缸水，唯有一点似羲之。"献之听后像泄了气的皮球，有气无力地说："难啊！这样下去，啥时候才能有好结果呢？"

母亲见他的骄气已经消尽，就鼓励说："只要功夫深，铁棒磨成针。你像这几年一样坚持不懈地练下去，一定能达到目的！"

献之听完后又锲而不舍地练下去。功夫不负有心人，献之练字用尽了18大缸水，在书法上突飞猛进。后来，王献之的字也到了力透纸背、炉火纯青的程度。

后来，有一次王献之外出，见北馆新涂的白色墙壁很干净，便取帚沾泥汁写了方丈大的字，观者如堵。王羲之见而赞美，问是谁作的，众人答云："七郎。"

虞和《论书表》载，谢安尝问王献之："君书何如右军（王羲之）？"答："故当胜。"安问："物论殊不尔。"子敬答曰："世人哪得知。"王献之并非是不知天高地厚之辈，他的自我评价亦非无稽之谈。孙过庭《书谱》载：羲之往京都，临行题壁。献之偷偷地把它抹掉，另外写过，自以为写得不错。羲之回家看见了，叹曰："我去时真大醉也。"献之听罢，内心感到十分惭愧。这传闻足见献之虽有志与父争胜，却亦有自知之明。

张怀瓘《书议》曾这样评价王献之在书艺上的创造："子敬才高识远，行草之外，更开一门……子敬之法，非草非行，流便于草，开张于行，草义处其中间……有若风行雨散，润色开花，笔法体势之中，最为风流者也。"

王献之像其父，亦擅丹青。桓温曾经请他画扇面，献之一时失手，误落了一点墨，索性顺势画成"乌驳牸牛"图，尤为妙绝，又在扇面上写《驳牛赋》，可谓机敏过人。王献之书曹植《洛神赋》，用笔挺秀直书，他改革了其父圆转善曲的书风，汲取西汉古隶的笔意。让隶方整多用直笔，献之正是以直笔入真书，才使得真书面貌一新。

可惜天才短命，王献之43岁便早早谢世，否则他在书艺上的成就当更为可观。虽然如此，他已将自己的天赋资质、独特的精神风貌、思想情感，一一融进自己的书法作品，留下不朽名声。

第九章

传世佳作《兰亭集序》

　　一代书圣，书法瑰宝，才情的顶峰展现。《兰亭集序》被公认为是王羲之的代表作，为历代书法家推崇。走近王羲之的书法世界，应先从《兰亭集序》开始。了解《兰亭集序》的故事，熟知其内容和法帖价值，对我们正确认识王羲之会有很大帮助。让我们一起穿越到1700多年前，来到美丽的江南三月，来到兰亭这块诞生传奇的土地上，从《兰亭集序》开始寻觅发现之旅。

津津乐道千年往事

　　农历三月三又称上巳，上巳节是一个很古老的节日。阳春三月，冬去春来，人们脱下棉衣，换上春装，走出室外，清除冬季的宿垢和晦气。每逢此时，人们成群结队，来到水边祭祀、沐浴，认为这样能被除疾疫与不祥。《韩诗》释《诗经溱洧》

说：“郑国之俗，三月上巳之辰，于水上，招魂续魄，拂除不祥。”

《后汉书·礼仪志》有“祓禊”之说，祓是古代除灾祈福的仪式。礼仪志上说：“是月上巳，官民皆洁于东流水上，曰洗濯祓除，去宿垢，为大絜。”去宿垢，是除去旧病。絜又作禊，所以，这一习俗又叫“祓禊”。“祓禊”成为一项盛大的公共活动。这期间，青年男女也可以在水滨尽情嬉戏、恋爱，使上巳节富有生活和乡土气息。

远古时候的人们认为，春天万物生长，也是容易滋生疾病的时候，因此无论是官员还是老百姓，都要到河边举行祓祭仪式，用香薰草蘸水洒身上，或沐浴洗涤污垢，感受春意，祈求消除病灾与不祥。“祓禊”还有一种说法，挚虞说汉章帝时，平原徐肇三月初，生三女才三天就死了，所以举行祓禊，因为有灾，所以要洗濯污秽，消除灾难，祈求幸福。

“祓禊”是先秦特定历史条件下的产物，两汉后礼教加强，水井使用，人们已经不需要到河边沐浴了。因此，“祓禊”在社会下层中逐渐失去内在含义，只留下一具空壳，与之时间相近的寒食游春、踏青进而兴起。上层社会却日益重视这一节日，他们以祓禊为名，宴饮游乐，吟诗作赋。

公元353年，即东晋穆帝永和九年，王羲之在会稽内史任上三年了，已近知命之年的王羲之把全部精力都放在政务上，心中充实，又疲惫不堪。而他的几位亲朋好友谢安、郗昙等很早便相约在三月三日修禊日聚会散心。王羲之也的确想借此机会彻底放松一下自己。

兰亭地处会稽的山阴，即现在的浙江绍兴兰亭曲水岸边，这里山水清幽、茂林修竹，风景秀丽，又有长流曲水，正是修禊的好地方。东晋时期，不少名士住在这里，谈玄论道，放浪形骸。

江南三月，通常是细雨绵绵的雨季，而这年三月初三日（即 353 年 4 月 22 日）这一天却格外晴朗，崇山峻岭，茂林修竹，惠风和畅，溪中清流激湍，景色恬静宜人。"初渡浙江有终焉之志"的王羲之与司徒谢安、矜豪傲物的谢万、郗昙、辞赋家孙绰、李充、许询等好友，会同高僧支道林以及子侄玄之、凝之、涣之、献之等晚辈四十二人相聚于此。这些人平日旨趣相投，宴饮赋诗，厮混已熟，又加上巳节万民游春，处处欢声笑语，大家没有长幼之分、尊卑之序，都尽兴享受这春日好时光。

兰亭雅集的主要内容是"修禊"，另一个项目是流觞曲水，四十二位名士列坐在蜿蜒曲折的溪水两旁，然后由书童将斟酒的羽觞放入溪中，让其顺流而下，若觞在谁的面前停滞了，谁得赋诗，若吟不出诗，则要罚酒三杯。大家争先恐后，边喝边吟。有人来了兴致，即便吟出诗来，也自斟三杯，和着这美好春光一起饮下去。

时间在饮宴赋诗中不知不觉过去很久，前余姚令、会稽谢胜等被罚酒，有的甚至连连被罚，已经不胜酒力，但不管赋诗，还是罚酒，都十分尽兴。

王羲之看到如此热闹的场面，胸中无比畅快。借着酒兴写下"合散固有常，修短定无始。造化不暂停，一往不再起。于今为神奇，信宿同尘滓。谁能无此慨，散之在推理。言立同不朽，河清非所似"等诗句。从诗中可以看到，王羲之也受到当时风气影响，吟诗充满谈玄的色彩，表现出人生的达观、潇洒，但他又有"言立同不朽"等积极进取的人生理想。

这次兰亭雅集，有十一人各成诗两首，十五人成诗各一首，十六人做不出诗各罚酒三杯，王羲之的小儿子王献之也被罚了酒。清代诗人曾作打油诗取笑王献之。"却笑乌衣王大令，兰亭会上竟无诗。"看来王献之虽然自幼擅长书法，却短于赋诗。

最后，大家准备把这些诗篇汇编成集，公推此次聚会的召集人，德高望重的王羲之写一序文记录这次雅集。序，在当时是一种文体名，是对书籍和文章举其纲要、论其大旨的一种文字，相当于引言。王羲之也没推辞，乘兴用特选的鼠须笔，在蚕纸上即席挥洒，写下了二十八行，三百二十四字的被后人誉为"天下第一行书"的《兰亭集序》。

王羲之当时心境极佳，胸中无垒块，景意相发，心手双畅，故而如行云流水，起止自然。他一气呵成写完《兰亭集序》，掷笔于地，长长地舒了一口气。掌声随之四起。谢安、谢万、郗昙、孙绰、李充、许询等好友纷纷道贺，盛赞不已。现在想来，恐怕当时连王羲之自己做梦也想不到，他的这篇《兰亭集序》会从此载入史册，流传万世。

《兰亭集序》的价值及影响

《兰亭集序》，又题为《临河序》、《禊帖》、《三月三日兰亭诗序》等。《兰亭集序》受石崇《金谷诗序》影响很大，其成就又远在《金谷诗序》之上。相传之本，共二十八行，三百二十四字，章法、结构、笔法都很完美，是王羲之五十岁时的得意之作。

《兰亭集序》通篇气息淡和空灵、潇洒自然；用笔遒媚飘逸；手法既平和又奇崛，大小参差，既有精心安排艺术匠心，又没有做作雕琢的痕迹，浑然一体。其中凡是相同的字，写法各不相同，如"之"、"以"、"为"等字，各有变化，特别是"之"字，达到了艺术上多样与统一的效果。

《兰亭序》书风的最明显特征就是它的用笔细腻和结构多变，王羲之的功劳即在于他把自然的书风，引向一个较为精练但又注重技巧华美特征的格局，从而确立"书法强调对审美的主动把握"这一时代基调。这在东晋以前是不够重视的，在当时也为同辈书法家们所叹为观止。在唐人的书论中，"兰亭序"的风格被冠以一个纯粹的褒义词"巧媚"。

《兰亭集序》标志着中国书法艺术在晋朝的成熟与完备。《兰亭序》表现了王羲之书法艺术的最高境界。作者的气度、风神、襟怀、情愫，在这件作品中得到了充分表现。后世对《兰亭集序》评价非常高，被称誉为"遒媚劲健，绝代所无"。有人称王羲之的行草如"清风出袖，明月入怀"，这堪称绝妙的比喻。还有人评道："右军字体，古法一变。其雄秀之气，出于天然，故古今以为师法。"作者以其精妙绝伦的书法书写这篇文章，从唐人的摹本中，仍可见其"龙跳虎卧"的神采。董其昌《画禅室随笔》说："章法为古今第一，其字皆映带而生，或大或小，随手所如，皆入法则。"

《兰亭集序》是王羲之书法艺术的代表作，是我国书法艺术史上的一座高峰。"兰亭序"影响力弥久更新，滋养造就了一代又一代的文人墨客；《兰亭集序》为历代书法家所敬仰。唐代的欧阳询、虞世南、褚遂良、薛稷、颜真卿、柳公权，五代的杨凝式，宋代苏轼、黄庭坚、米芾、蔡襄，元代赵孟頫，明代董其昌，这些历代书法名家都对王羲之心悦诚服，推崇备至。

《兰亭集序》给后人以继承与创新的启迪，开创了一代新书风，是"晋韵"的重要标志，深刻体现了中国书法的发展演变。就像"李白斗酒诗百篇"一样，王羲之在挥墨写《兰亭集序》时，兴致高涨，情之所致，挥毫泼墨，下笔有如神助。

后世珍视其布白之美，临摹者虽难免渗入各自的笔性，但无人稍变其章法布白。正如解缙在《春雨杂述》中所说的那样："右军之叙兰亭，字既尽美，尤善布置，所谓增一分太长，亏一分太短。"《兰亭序》的章法，仿佛如天生丽质，翩翩起舞，其舞姿之美是无与伦比的。

兰亭修禊，使王羲之触悟山水之美、宇宙之玄和人生的真谛，在物我两忘的境界中挥写下千古杰作《兰亭集序》，正因为他情深意厚，故能情注毫端而天趣自在；也因为他笔法精严，故能使笔底如行云流水而形神兼具；更因为他诸美皆备，故能使这篇文稿的挥写最终达到高华圆融的境界。在这件尽善尽美的作品面前，后世名家虽竭力临仿，却都未能得其全。

南唐张泊云："善法书者，各得右军之一体。若虞世南得其美韵而失其俊迈，欧阳询得其力而失其温秀，褚遂良得其意而失于变化，薛稷得其清而失于窘拘。"而王羲之本人也只写下这一杰构，其后他再度书写《兰亭序》，都不能及原作的神妙绝伦，沈尹默说"当时逸少本天全"，赞美了《兰亭序》的杰出有其不可重现的机缘，自然就非他人所能企及的了。

元赵孟頫曾称此帖为"天下第一法书"。《石渠宝笈》收晋人三帖，号称"三希"，此帖列于首位。其为人所重视，由此可见。《兰亭序》表现了王羲之书法艺术的最高境界，作者的气度、风神、襟怀、情愫，在这件作品中得到了充分表现。古人称王羲之的行草如"清风出袖，明月入怀"，堪称绝妙的比喻。

王羲之被称为书圣，《兰亭集序》被誉为书法瑰宝，是他才情功力达到顶峰时期的作品。《兰亭集序》也被公认为是王羲之的代表作，为历代书法家推崇。走近王羲之，应先从《兰亭集序》开始。了解《兰亭集序》的故事，熟知其内容和法帖的价值，对我们认识正确王羲之会有很大的帮助。

〰 《兰亭集序》逸事趣闻

关于《兰亭集序》，世间流传着形形色色的逸事趣闻，其中最出名的莫过于"太宗计赚兰亭"。

《兰亭集序》真品一直保存宫中，梁朝战乱流落民间。陈朝天嘉年间（560—565年），王羲之七世孙智永和尚（他的作品传世的有《千字文》帖）得到。智永少年时即出家在绍兴永欣寺为僧，临习王羲之真迹达三十余年。太建年间，献给陈宣帝。而后隋灭陈，上献晋王杨广。可惜杨广不学无术，智永便借故翻拓索回。智永临终前，将《兰亭集序》传给弟子辨才。辨才擅长书画，对《兰亭集序》极其珍爱，将其密藏在阁房梁上，从不示人。

唐太宗喜爱书法，尤爱王羲之的字。他听说王羲之的书法珍品《兰亭集序》在辨才和尚那里，便多次派人去索取，可辨才和尚一再否认，始终推说不知真迹下落。

普天之下莫非王土，李世民决心把《兰亭集序》据为己有。但身为皇帝的李世民，却不能明刀明枪地明抢，硬要不行，他便改为智取。李世民派监察御史萧翼装扮成书生模样，去与辨才接近，寻机取得《兰亭集序》。

萧翼对书法也很有研究，和辨才和尚谈得很投机。待两人关系密切之后，萧翼故意拿出几件王羲之的书法作品给辨才和

尚欣赏。辨才看后，不以为然地说："真倒是真的，但不是好的，我有一本真迹倒不差。"

萧翼追问是什么帖子，辨才先是吞吞吐吐不肯说，但禁不住萧翼再三追问，辨才终于神秘地告诉他是《兰亭集序》真迹。萧翼故作不信，说此帖早已失踪，世间恐怕无真迹了。

"今天就让你开开眼吧。"辨才从屋梁上取下真迹给萧翼观看，萧翼一看，果然是《兰亭集序》真迹，随即将其纳入袖中，同时向辨才出示了唐太宗的有关"诏书"。辨才此时方知上当。辨才失去真迹，非常难过，再加上惊吓过度，不久便积郁成疾，不到一年就去世了。

《兰亭集序》在王羲之死后的二百七十年间在民间珍藏，由此被唐太宗从民间赚进御府。唐太宗对王羲之书法推崇备至，对《兰亭集序》更是爱不释手，曾亲撰《晋书》中的《王羲之传论》，称其书"尽善尽美"，"置于座侧，朝夕观览"。他敕令侍臣赵模、冯承素等人精心复制一些摹本。他喜欢将这些摹本或石刻摹拓本赐给一些皇族和宠臣，因此当时这种"下真迹一等"的摹本亦"洛阳纸贵"。此外，还有欧阳询、褚遂良、虞世南等名家的临本传世，而原迹据说在唐太宗死时作为殉葬品永绝于世。

史书记载，《兰亭集序》在李世民遗诏里说是要枕在他脑袋下边。那就是说，这件宝贝还应该在昭陵（唐太宗的陵墓）。可是，五代耀州刺史温韬把昭陵盗了，但在他写的出土宝物清单上，却并没有《兰亭集序》，那么十有八九《兰亭集序》就藏在乾陵（唐高宗、武则天的陵墓）里面。在乾陵一带的民间传闻中，早就有《兰亭集序》陪葬武则天一说。

武则天也喜欢书法。在《中国历代皇帝墨迹选》中，武则天的《升仙太子碑并序》手迹刻本，书法艺术也相当精到。《宣和书谱》中说，武则天"本喜作字（喜欢创造字），其行书稍能，有丈夫气"。这是对武则天书法成就的评价。

唐高宗、武则天的乾陵在修建的时候，正值盛唐，国力充盈，陵园规模宏大，建筑雄伟富丽，堪称"历代诸皇陵之冠"。这必然引来众多盗墓者的青睐，从武则天入葬乾陵的一刻，这里就没消停过。第一个光顾乾陵的是唐末造反大军领袖黄巢，他领40万大军乾陵寻宝，然而他却挖错了方向，错失良机；向乾陵伸出罪恶之手的第二个人是五代的耀州节度使温韬，然而他三次上山领人盗墓均遭风雨雷击，人马一撤，天气立即转晴，于是，他也死了这个念头；第三次是抗战时期的国民党将领孙连仲率领一个现代化整编师，用军事演习做幌子，炮轰乾陵。当打开墓道三层竖立石条，正准备进入时，突然冒出一股浓烟，盘旋而上，成为卷风，顿时天昏地暗，走石飞沙，七个山西籍士兵立即吐血身亡。当地人流传"因武则天是山西人，她最恨老家的人来掘她的墓，所以那七个山西兵必死无疑"。就这样，乾陵终于躲过最后一劫。

新中国成立以后，陕西方面曾经数次向中央申请要发掘乾陵，郭沫若先生甚至当面对周恩来总理陈述了发掘乾陵的意义：打开乾陵，说不定武则天的《垂拱集》百卷和《金轮集》十卷就可重见天日。也说不定武则天的画像、上官婉儿等人的手迹都能见到。周恩来总理看完发掘计划后，并没有简单地写上"同意"、"不同意"的例行文字，而是深情地写道："我们不能把好事都做完，此事可以留给后人来完成。"

周总理的批复是英明的。对于尘封的历史，当代人不要太急于得到什么，如果一味地把先人留给后代的财富和文化遗迹都掠取过来，不但是对历史的亵渎，还是对后辈人的不负责任。

那么，《兰亭集序》到底是在昭陵中，还是在乾陵中，只有等待考古学家去发掘了。

《兰亭集序》真迹至今无迹可寻，千百年来无数书法名家临摹《兰亭集序》，现在陈列在兰亭王右军祠内的是冯承素摹本（复制品），真本藏于北京故宫博物院，上面钤有"神龙"（唐中宗年号）小印，是断为唐代摹本的一个铁证。这个唐摹墨迹"神龙本"被认为是最接近王羲之真迹的摹本。唐太宗时冯承素号金印，故称为《兰亭神龙本》。

一般认为在所有临摹本中，冯承素的墨迹摹本最为神似，称为《兰亭神龙本》，是公认的最好摹本。此本摹写精细，笔法、墨气、行款、神韵，都得以体现。因其钩摹细心，故而线条的使转惟妙惟肖，不但墨色燥润浓淡相当自然，而且下笔的锋芒、破笔的分叉和使转间的游丝也十分逼真，从中可窥见王羲之书写时的用笔的徐疾、顿挫、一波三折的绝妙笔意。

后世临摹《兰亭集序》的版本不下数百种，还有各类木石镌刻本、摹本、临本。这其中不乏大家之作，也有文人雅士的追捧。而最有名的几个临本除了刚才提到的冯承素神龙本外，还有《定武兰亭》，传为欧阳询临摹上石，因北宋时发现于河北定武而得名。《洛阳宫本兰亭序》相传为褚遂良第十九次临摹本，此本为唐太宗赐给高士廉者。褚遂良所临又传有《神龙半印本兰亭序》、《张金界奴本兰亭序》，因前者有"神龙"半印，后者有"张金界奴上进"字。此外还有"薛稷本"、"赐潘贵妃本"、"颖上本"、"落水本"，等等。

清乾隆年间赵魏首先怀疑《兰亭》真伪，云："南北朝至初唐，碑刻之存于世者往往有隶书遗意，至开元以后始纯乎今体。右军虽变隶书，不应古法尽亡。今行世诸刻，若非唐人临本，则传摹失真也。"

有业内人曾做过调查，《兰亭集序》的仿制品，现在市场价值已经数百万。它的真迹至少得值一两个亿。这是完全以金钱来衡量的，但是以更长远的历史文化眼光来看，王羲之的《兰亭集序》在中国书法史上的影响，无疑也是无价之宝。

第十章

书法人生　四步功成

　　从各种历史资料上，我们不难发现，王羲之并非从小就是书法天才。虞和在《论书表》说：王羲之书"在始未有奇殊，不胜庾翼、郗愔"。在年轻的时候，庾翼、郗愔的书法都比他写得好。但可贵的是王羲之常年坚持研习，日积月累，终于由量变到质变，最终取得卓绝成就。研究王羲之成功的秘诀，无外乎转益多师，刻苦磨砺。话来容易做来难，但自古而今，像王羲之那样能真正做到的人确实寥寥。

　　王羲之写《兰亭集序》，大约是在他50岁左右。此时，无论是体力、精力，还是他的书法技艺都达到了极盛时期。因此，《兰亭集序》是他人生最顶峰的产物。要全面认识王羲之的书法人生，我们不仅要看他书香家世，少年履痕，还要看他所处的与书法生活紧密相关的时代，可以说，天时、地利、人和等诸多方面催成了一代书圣的诞生。

羲之吃墨，入木三分

生活在魏晋书法兴盛的年代，自然使王羲之不自觉地加入时代大潮，并乐在其中。为了使自己的书法水平得到提高，王羲之学习极其刻苦，甚至到了如醉如痴的地步。至今还流传着"羲之吃墨"的故事：

有一回，王羲之在书房里练字，到了吃饭时间，书童送来他最喜爱吃的馒头蘸蒜泥。王羲之写字的兴致正高，书童在旁边几次催他吃饭，他连头也不抬一下，继续挥毫直书。

书童没有办法，只好悻悻地回去请王羲之的夫人亲自来劝他用餐。

王夫人来到书房，却见王羲之正拿着一块蘸满墨汁的馒头往嘴里塞。

王夫人不动声色地问："味道如何？"

"很好，夫人做的蒜泥太好吃了！"王羲之边说边继续练字。

王夫人忍不住嗔怪道："睁着眼睛说谎，你没有吃我的蒜泥，怎么就说好吃呢？"

此时王羲之才停下来，看到自己手中蘸着墨汁的馒头，忍不住大笑起来。原来，在他吃馒头的时候，眼睛看着字，脑子里想着字，因而错将墨汁当作蒜泥！

王羲之不仅每天要花大量时间用到练字上，就是坐在椅子上、走路、吃饭、与朋友闲谈，还揣摩着名家书法的架势，手指也不停地划着字形，时间一久，连自己的衣襟都被划破了。

有一次他躺在床上，还用手临空划字，竟划到他的妻子身上。妻子说："你怎么老在人家身上划？自家体，就没有吗？"

王羲之听到"体"字，忽然想到：是呀，应该创造自己的书体才是啊！于是从此以后，他翻遍了所有的碑帖手迹，糅和百家的长处，再加上自己的勤练，终于自成一体。

王羲之勤苦练字，天长日久竟练得腕力劲足，写出字来笔锋带力，力透纸背。

一次，皇帝要到北郊去祭祀，因为要更换祝版，就让王羲之把祝词写在一块木板上，再派工匠照着雕刻。工匠把木板削了一层又一层，发现王羲之的书法墨迹一直印到木板里面去了。他削进三分深度，才见底！工匠惊叹王羲之的笔力雄劲，书法技艺炉火纯青，笔锋力度竟能入木三分！

关于"入木三分"还有一个传说：有一次王羲之去看望好朋友谢安，碰巧谢安不在，于是他就在茶几上写了几个字走了。后来家人用力擦也擦不净，用水洗也洗不清。谢安很好奇，拿刮刀刮挖，发现王羲之的墨迹已深深地渗入到桌子里面。从此，谢安对王羲之更刮目相看了。

虽然这些传说本身有些夸张，但是用以比喻书法功力好和分析问题透彻却十分贴切，也很能说明王羲之的用功之深！

转益多师，刻苦磨砺

在王羲之的生活中，书法占据着极其重要的地位，他在当官从政之余，绝大部分时间都交给了书法。之所以后来王羲之能取得别人难以企及的成就，与他"转益多师"，多方拜师虚心求学，以长期的刻苦磨砺分不开。他在书房内、院子里、大门边甚至厕所的外面，都摆着凳子，安放好笔、墨、纸、砚，每想到一个结构好的字，就马上写到纸上。他在练字时常常凝眉苦思，废寝忘食，浑然忘我。这种全身心的投入，使得他的书法功力超越凡人。

唐朝张彦远在《法书要录·题卫夫人〈笔阵图〉后》中，记载了王羲之的一段话，他说："予之少学卫夫人书，将谓大能；及渡江北游名山，比见李斯、曹喜等书，又之许下见钟繇、梁鹄书，又之洛下，见蔡邕《石经》、三体书，又于从兄洽处，见张昶《华岳碑》，始知学卫夫人书，徒费年月耳。羲之遂改本师，仍于众碑学习焉。"

王羲之说："我小时候学习卫夫人书法，自认为学得很有成绩了。后来渡江到北方游历了一些名山大川，见到了李斯、曹喜等人的书法；到许下见到了钟繇、梁鹄的书法；到洛下见到了蔡邕的三体《石经》；在叔伯哥哥王洽处见到张昶的《华岳碑》，才知道仅仅学习卫夫人，还是远远不够的，白白浪费时间罢了。于是转变师承，向众碑学习。"

这段话虽然对他的启蒙老师卫夫人有些不敬，但足以看出，王羲之对书法艺术的顿悟和在书法实践中质的飞跃。当局者迷，唯有跳出来之后，或者登上更高一层时，才会发现自己昔日的幼稚和明显不足。

王羲之真书学钟繇，草书学张芝。他自己说过，"我的书法比起钟繇来，可以说是分庭抗礼，或者要超过他；比起张芝，应当是并驾齐驱、比翼双飞。"他还向魏碑和汉碑学习，追摹书法源流。

王羲之从六七岁开始练字，直到59岁去世时为止，50年间笔墨不辍。愈到晚年，愈是老练沉雄。为了练好书法，领悟书法真谛，王羲之曾遍游名胜古迹，每到一个地方，总是跋山涉水四下钤拓历代碑刻，积累了大量的书法资料。不仅向有字碑、

有字帖学习，而且善于向无字碑、无字帖学习。山阴道上空灵秀逸的江南山水，给了他的书法清朗俊逸的风格。他不仅师法大自然，从大自然中汲取书法中的灵气，而且善于观察动物，从动物的行态走姿中捕捉书法灵感。王羲之爱鹅，成年后他认为养鹅不仅可以陶冶情操，还能从鹅的某些体态姿势上领悟到书法执笔、运笔的道理。今天，在绍兴城内戒珠寺和城外兰亭都有鹅池，据说那碑文皆为王羲之所书……从有形到无形，从书帖到自然生物，广博研习，使他大开眼界，从书法理念到书法实践，都发生了石破天惊的根本性突变。这种书风的变迁，意义不止于东晋，它实际上是中国书法史上具有决定意义、划时代的一次鼎革。

书法四步，终成书圣

古往今来，真正的艺术天才，数之寥寥。而绝大部分成名成家名传后世的艺术家，都须经历一个由初学到发展，由量变到质变的过程。鲁迅先生说：哪里有天才？我是把别人喝咖啡的工夫都用在工作上的。王羲之的书法人生再一次说明了这条颠扑不破的真理。纵观王羲之一生所走的书法之路，大致可以分为四个时期：学子期、成名期、变革期、造极期。

学子期，约从五六岁至二十岁。

在这个时期，占据东晋书坛前列的，首推他的叔父王廙。唐朝的张彦远在《历代名画记》中说，王廙"过江后，为晋代书画第一"。在书法上与王廙齐名的是卫夫人的侄子李式。"李式书，右军云，是平南之流"。

此时王羲之的书法自然在王廙、李式书法的笼罩之下，尚

没有机会崭露头角。但不可忽视的是王羲之出生于书法世家，他既可以向叔伯前辈们学习，又能随时与堂兄弟等同辈交流。长期的浸染熏陶，使王羲之的书法技艺在不知不觉中日渐提高。

这个时期有关王羲之书法故事的，无非墨池、爱鹅之类。又据传，王羲之12岁时，发现父亲枕中《笔论》，书法大进。卫夫人说："此儿必见用笔诀也，妾近见其书，便有老成之智。"而在此时期，因为王羲之尚处于学习临摹时期，后世极少提到他留世的书法作品。

成名期，大约在弱冠后至30岁左右。

在王羲之21岁左右，东晋的政局发生突变，从伯父、权臣王敦借口诛除刘隗和苏峻，反叛朝廷，兵败身死。叔父王廙参加叛乱，积愤而卒，死时仅47岁。王羲之的从叔父王导，虽仍然在朝任宰相，但王氏权势从此一蹶不振。朝政实权转移到庾氏家族。庾太后临朝称制，大权掌握在中书令庾亮手中。此时的书坛领袖是庾亮的弟弟庾翼。

庾翼（305—345年），字稚恭，颍川鄢陵（今河南鄢陵西北）人，长得风仪秀伟，年纪轻轻就很有经纶大略，他当时与杜乂、殷浩等一起才名冠世。庾翼最初做陶侃太尉府参军，累迁南蛮校尉，领南郡太守。晋成帝咸康六年（340年），哥哥庾亮死后，代镇武昌，任都督江、荆、司、雍、梁、益六州诸军事、荆州刺史。

庾翼胸有大志，成政严明，以收复北方为己任。晋帝康帝建元元年（343年），不顾朝中大臣阻挠，移屯襄阳，准备进攻后赵。因征发地主豪强的车牛驴马和奴仆当兵，遭到豪强反对。不久病死。谥曰肃。

庾翼极善章草，唐代窦臮《述书赋》称："积薪之美，更览稚恭。名齐逸少，墨妙所宗，善草则鹰搏隼击，工正则剑锷刀锋。愧时誉这未尽，觉知音之罕逢。"

李嗣真《书后品》评价："稚恭章草，颇推笔力，不谢子真。"子真即东汉草书家崔寔。崔寔的父亲崔瑗，与杜度均以章草名满东汉，是张芝的前辈。张芝曾与朱宽论书，说："上比崔、杜不足，下胜罗（晖）、赵（袭）有余。"李嗣真将庾翼的章草与东汉崔寔相提并论，可见庾翼章草的实力。

虞和《论书表》说："羲之书，在始未有奇殊，不胜庾翼、郗愔。"郗愔，是王羲之妻弟，字方回，比羲之年幼 10 岁，小庾翼 10 岁。此处说的'始未有奇殊'，大约就是在王羲之 30 岁左右。

虞和在《论书表》又说："羲之所书紫纸，多是少年临川时迹，既不足观，亦无取焉。"南朝梁陶弘景《论书启》也说："逸少自吴兴以前，诸书犹为未称。"这些都是说，王羲之在其 30 岁左右时，书法虽然成名，但尚未有显著的个人风貌。

此时，王羲之已经与郗璇结婚。因此，这个时期对他书艺提高有帮助的，还有他的岳父郗鉴一家。郗鉴善书法，"草书卓绝，古而且劲"。其子郗愔、郗昙，均受家学。王羲之娶郗璇为妻时，其书艺并不在郗氏、庾氏之上。后来与这些人经常切磋，受益匪浅。

王羲之的岳父郗鉴能文能武，王夫之说他是"可胜大臣之任者"，既是抗胡名将，东晋的军事重镇，又写得一手好字。王羲之的夫人郗璇则有"女中笔仙"之称。书法对于古人来说，绝不是雕虫小技，壮夫可以不为，而是一种文化，是人生必备的一种修养和才艺，也是古人的一个精神寄托和人生境界。王羲之不知不觉置身其中，自然多受浸染，受益匪浅。

变革期，约从 30 岁至 40 岁，即从晋成帝咸和七年（332
年）至晋成帝咸康八年（342 年）。这期间，不甘人后的王羲
之，着力于书理的探求和书体的革新，力求在继承传统的基础
上，创造出一种区别于人又高出于人的品格面貌。

唐代张怀瓘所著《书断》中，论王羲之书法云："然剖析张
公之草，而纤折衷，乃愧其精熟；损益钟君之隶，虽运用增华，
而古雅不逮；至研精体势，则无所不工。"张怀瓘叙述右军学习
钟、张书法用的"剖析"、"损益"、"研精"六个字，非常
精准。

晋成帝咸康七年（341 年），王羲之 39 岁，卸任江州刺史，
由王允之接任。在这一年王羲之写了《敬伦帖》。王羲之从兄王
彬之子王兴之《王兴之墓志》书于此年，此墓志 1965 年 1 月于
南京出土，并引发了关于《兰亭集序》真伪的笔战。

庾氏也是江左大族。庾亮历仕东晋元、明、成三帝任中书
令，后为征西将军，握有重兵。庾翼的姐姐又是当朝皇后，家
中藏有卫夫人的书帖，也是个书风极盛的家族。32 岁的王羲
之进入庾亮幕府，与庾氏兄弟成为至交，对他的书艺提高
很大。

此时，王羲之的不懈努力，终于得到了社会的承认，众人
趋之若鹜，显宦、士家子弟纷纷追随效法。这里曾流传一段
佳话：

庾翼的书法最初和王羲之齐名，甚至有人认为比王羲之写
得还好。他镇守长江中游，对抗江北的后赵政权，很少有机会
回到首都建邺（今南京）。

王僧虔称："庾征西翼书，少时与右军齐名，右军后进，庾犹不平，在荆州与都下书云：'小儿辈乃贱家鸡，皆学逸少书，须吾还，当比之。'后，其兄庾亮得王羲之书，翼见后乃大服。"

当庾翼知道京城中的年轻人全都痴迷王羲之的新体书法，尤其看到自己的儿子与侄子不学他的书法而改学王羲之的书法，心中十分不满，颇觉"风气"不对，批评他们不爱"家鸡"而爱"野鹜"。他还半开玩笑地和儿子、侄子说："等有机会回到京都，我要当面和羲之比比书法，一决高低。"

这就是书法史上"家鸡野鹜"典故的由来。意思是：晋人庾翼以家鸡喻自己的书法，以野雉喻王羲之的书法。比喻不同的书法风格。也比喻人喜爱新奇，而厌弃平常的事物。

王羲之长期苦练书法，进步很快。这让心胸宽广的庾翼十分敬慕。后来，当他看到王羲之给哥哥庾亮写的信，发现王羲之以《章草答庾亮》的书法高妙，"翼深叹伏"，便忍不住给王羲之写了一封信，由衷称赞说："吾昔有伯英章草十纸，过江颠狈，遂乃亡失，常叹妙迹永绝。忽见足下答家兄书，焕若神明，顿还旧观。"

通过此信，不难看出，庾翼对王羲之已经心服口服，佩服至极。由此，也可以认为王羲之的书名超越了庾翼，卓立群英了。这段佳话被后人屡屡提及。唐代诗僧、画僧贯休（823—912年），曾写诗"庾翼未伏王右军，李白不知谁拟杀"。

宋代的大诗人苏轼在《跋庾征西帖》中写道："征西初不服逸少，有家鸡野鹜之诮，后乃以为伯英再生。"

生活于约公元1195年前后的金代诗人史肃曾写诗说：莲社从来说陶远，竹林今不数山王，家鸡野鹜何须较，秋菊春兰

各自芳。

登峰造极期。约在 41 岁至逝世，即晋康帝建元元年（343年）至晋穆帝升平五年（361 年）。

建元二年（344 年）康帝崩殂，继而庾冰（庾翼之兄）下世。次年，庾翼背疽发作而卒。至此，掌握东晋主要军事力量、左右东晋政治局面的庾氏兄弟谢幕收场，庾氏家族从此衰落不振，风光不再。庾翼的猝死，也标志着东晋书坛大旗的转换：庾翼时代的结束，王羲之时代的崛起。

晋穆帝永和七年（351 年），王羲之 49 岁，出任右军将军、会稽内史，成为地方长官。与江左另一大族——谢氏诸人心慕行随。谢家善书，尤以太傅谢安书艺最高。王羲之有与谢尚《论漕运书》，与谢万《得万书帖》等。又与谢安等人于兰亭修禊，可见其过从甚密。以至于后来谢安将其有才华、亦善书的侄女谢道韫，嫁给王羲之的次子王凝之为妻，两家结为姻亲。

数十年来，在王羲之的眼里，目睹了政权更迭，家族兴衰，几多无奈，几多心酸，人生沧桑，物换星移。他深深地明白，时间才是真正的主宰，一切都是过眼烟云。而能真正带给自己心灵以慰藉的，唯有他心爱的书法了。当王羲之把平生所历，继情继性于他的书法之时，他就真的达到登峰造极了。

书法可以容纳万物，吞吐宇宙，放达情怀，涵咏精神。王羲之将书法视为"玄妙之道"，进入创作的自觉自醒阶段，从心里流淌出惊世骇俗、冠绝古今的书法神品，永世垂范。这就是虞和《论书表》说的"迨其末年，乃造其极"，陶弘景《论书启》说的："凡厥好迹，皆是向在会稽时永和十许年中者。"

分析传世的王羲之书帖，不难发现，许多都是他40岁以后的作品。当然，皆是其登峰造极之作。

　　要全面了解王羲之的书法作品和深刻理解他的书法艺术，就得从他的代表作中去寻觅、品鉴了。

第十一章

名帖荟萃　千秋传阅

一代书圣王羲之在书法艺术上取得了非凡的成就，他的代表作品主要有：楷书《黄庭经》《乐毅论》草书《十七帖》行书《姨母帖》《快雪时晴帖》《丧乱帖》《兰亭集序》等。其中，《兰亭集序》为历代书家所敬仰，被誉作"天下第一行书"。窥一斑而知全貌，要全面了解王羲之的书法成就，就应当从他的这些代表作入手。

《万岁通天帖》第一帖《姨母帖》

《兰亭集序》可谓王羲之的代表作中的代表作。是王羲之书法艺术的巅峰之作。除了《兰亭集序》之外，王羲之还有许多经典名帖，为后人津津乐道。比如他的其他几部代表作：楷书《黄庭经》《乐毅论》、草书《十七帖》、行书《姨母帖》《快雪时晴帖》《丧乱帖》等。

《姨母帖》原文：十一月十三日，羲之顿首、顿首。顷遭姨母哀，哀痛摧剥，情不自胜。奈何、奈何！因反惨塞，不次。王羲之顿首、顿首。

大意是：十一月十三日，羲之顿首、顿首。突然遭遇姨母哀事，心中被哀伤摧迫，悲痛之情难自禁。奈何、奈何！因为（哀痛伤感）反复涌现，凄惨之情充塞（胸间），以至于语无伦次。王羲之顿首再顿首。

从帖文看，王羲之和他的姨母感情十分深厚，突然得到姨母去世的噩耗后，心情十分悲痛，连正常的事务都不能安顿料理。帖中的姨母，有人推测可能是其少年时的书法老师卫夫人卫铄。如果此推测正确，那么应当在晋永和五年（349 年）王羲之 47 岁，卫夫人 78 岁。卫夫人尤善隶书，而王羲之在悲痛缅怀中，不自觉地在书写时多用了隶书笔意，也可以理解。

《姨母帖》的隶意，是由结字和用笔来实现的。就结字来说，王羲之的字一般不作正局，于欹侧中变动不拘，姿媚跃出，而此帖作正局，也就是以平正为主。帖中的几个长横非常醒目，更加深了隶意的印象。"十三日"的"十"字，"顷遭"的"遭"字，则几乎全用隶法。

《姨母帖》是王羲之作品为历代鉴定家所肯定，但它与他的传世至今的其他作品都不大相同，却与 21 世纪以来出土的晋人书迹接近。即在体式上尚带有一定的隶书笔意，风格上显得古朴凝重。只从"漂亮"、"潇洒"一个方面去理解王羲之的字是不全面的。

《姨母帖》在王羲之杂帖中，是比较特殊的风格。也有人说此帖是王羲之早年的作品，理由就是从帖中明显的隶意中看出来的。如果拿颜真卿的行书与《姨母帖》相比，相似之处，历历在目。有人说，颜真卿是在《姨母帖》的基础上，形成了自己的行书面貌。

王羲之的法书字体面貌不尽相同，一般有"流便"和"古质"两种，《姨母帖》属于后者。清代杨守敬说："观此一帖，右军亦以古拙胜，知不专尚姿致。"此类作品是王羲之早年所写，其结字和用笔都还存有较浓厚的隶书笔意，和晋代简牍帛书有相近之处。如"一""十""痛"等字中的横画，隶书的笔意都很明显；"痛""日""何"等字的转折处都较生拗峭拔，并残存横式。这些都是隶书笔势孑遗。另外笔画质朴凝重，出笔入笔比较自然，不像唐以后那样强调一笔三折。这些都使作品具有一种古朴高华的艺术魅力。

王羲之的点画，一般是不主故常，中锋、侧锋互用，即中即侧，变化不可端倪。而此帖以中锋为主，点画犹如玉箸。这对于王羲之来说，正是其风格还没有完全发展形成的标志，羲之杂帖中，如此风格的作品，也仅此一例。唐代以后，特别是颜真卿以后，大部分书家以侧锋为忌，只是偶一用之，从某种意义上说，是对"二王"笔法的简化。

《姨母帖》中的点，几乎全取横势，这也是从隶法中来的。捺脚多用反捺，没有像唐楷那样挑出的捺脚。王羲之的隶书作品不传于世，如果有的话，从其所处时代分析，应该是东汉晚期成熟的汉隶面貌，其捺脚应该是很明显的。而羲之杂帖中，捺脚几乎没有，行楷书《兰亭集序》中倒是多见，这也说明，王羲之时代，行草书是高度成熟的。尽管《姨母帖》比较平实，但细微之处的变化还是丰富的。比如"月""顿""首""顷""痛""情""自"等字中的两短横，全都有不一样。王羲之这种变化的本事，1600余年来无人能及。

书法与书写内容是有关系的。王羲之是深于情的人，千载之下，读到"哀痛摧剥，情不自胜"的句子，谁能不为之动容？帖中前两行，字大、重，犹如听到噩耗时的震惊。三、四行，写得较畅，"奈何奈何"，流动着呼天抢地的啼泣。后两面三刀行则行气顿失，如闻哽咽。字是凝化的情绪，写字时的心情不可能不流露出来。有的人反对从语词内容出发去认识作品，强调书法作品是视觉艺术，乍一看是科学的眼光，殊不知，古人手稿尺牍类作品，书家注意的是语词内容，而往往于视觉形象却不甚留心。而其作品，往往又因此无意于佳乃佳，原因全在书家平时的训练和修养。

艺术总是与感情和情绪相关，如果没有那种不借助艺术就无法淋漓尽致地表达的情感和情绪，则艺术又有何用，又何必去从事艺术？有人把语词内容从书法中剥离出去，甚至要创作不可解读的"书法"作品，与缘木求鱼无异。

清代北碑南帖说兴起之后，钟、王以降的经典书家，都算是帖派。实际上，帖派鼻祖王羲之又何尝不学碑？就《姨母帖》来说，横平竖直，力透纸背，右肩概用转法，这样的效果，完全可以用以运腕为主的笔法实现。在王羲之诸帖中，《姨母帖》钩摹比较精细，几乎没有生硬的地方。

小楷名帖《黄庭经》

《黄庭经》作为著名的小楷书法名帖，历来为众多学习书法者所临习。相传为王羲之所书，事实上该帖并未署名，只是最后一句跋款"永和十二年五月廿四日于山阴县写"，与王羲之的生活年代和活动地点相符，比传为王羲之写于永和九年的《兰亭集序》晚了三年。

永和十二年为公元 356 年，王羲之 54 岁时。作为书法家而言，54 岁技艺功力已是登峰造极了。

《黄庭经》是魏晋时期颇为流行的道家养生修炼之书，是道教上清派的重要经典，也被内丹家奉为内丹修炼的主要经典。现传《黄庭经》有《黄庭内景玉经》、《黄庭外景玉经》、《黄庭中景玉经》三种，书中认为人体各处都有神仙，首次提出了三丹田的理论，介绍了许多存思观想的方法。

这里所说《黄庭经》是指王羲之的书法作品《黄庭经》，传王羲之所书小楷《黄庭经》系《外景经》。一百行。原本为黄素绢本，在宋代曾摹刻上石，有拓本流传。此帖其法极严，其气亦逸，有秀美开朗之意态。

明王世贞题跋称："右军书法琅琊者，行体《兰亭》、小楷《黄庭》。《兰亭》本最多，然肥瘦纵密，种种不能尽合。独《黄庭》如出一手。余所见前后数十本皆然。恐是秘阁续帖本广行人间耳。今观沈问卿、纯甫所藏，独幽深淡宕，其风格姿韵，远出诸本之上！岂秘阁之前别有一佳本耶？抑太清楼翻刻之最初拓耶？"此本书法高古神妙。

清梁巘《承晋斋积闻录》称：《黄庭经》"圆厚古茂，多似钟繇，而又偏侧取势，以见丰姿，而且极紧"，"结构之稳适，撇捺之敛放，至《黄庭经》已登绝境，任后之穷书能事者，皆未能过。然极浑圆苍劲，又极潇洒生动"。清人包世臣《艺舟双楫》称《黄庭经》"笔力惊绝，能使点画荡漾空际，回互成趣"。又称"小字如大字，必也《黄庭经》：旷荡处，直任万马奔腾而藩篱完固，有率然之势"。

关于《黄庭经》，有一个传说：

山阴地方有一个道士，他想要王羲之给他写《道》经《德》经。可是他知道王羲之不肯轻易替人抄写经书。后来，他打听到王羲之爱鹅成癖，就特地养了一批品种良好的鹅。

王羲之听说山阴有个道士养着几只美丽的鹅，便兴致勃勃地与儿子王献之乘舟来到绍兴县漓村，看见几只雪白的鹅双翅扇动，追逐嬉戏。它们时而在河里悠闲地浮游，一身雪白的羽毛，映衬着高高的红顶，实在逗人喜爱。

王羲之悄悄在旁边观赏许久，仍不忍离去，最后竟然产生了据为己有的念头。于是就派人去找道士，要求把这群鹅卖给他。道士假装推辞了一番，最后说："既然王公这样喜爱，我把这群鹅全部送您好了。不过我有一个要求，就是请您替我写一卷《道德经》。"

对于书法家来说，写字就是信手拈来之事。王羲之求鹅心切，欣然答应了道士提出的条件。道士把早已准备好的笔墨纸砚拿出来，王羲之很快写出了一卷《道德经》。道士信守诺言，把鹅装入笼子送给他。

王羲之高兴地"笼鹅而归"，他不知道自己的所作所为正中道士下怀。道士最终得到了王羲之的墨宝。

这个传说原文载于南朝《论书表》，文中叙说王羲之所书为《道》《德》之经，后因传之再三，就变成了《黄庭经》了。因此，《黄庭经》又俗称《换鹅帖》。现在留传的只是后世的摹刻本了。

《黄庭经》有诸多名家临本传世，如智永、欧阳询、虞世南、褚遂良、赵孟頫等，他们均从中探究王书的路数，得到启示。

欧阳修《集古录》记载其曾亲见记有"永和十二年（356

年)"的《黄庭经》石本。此帖在南朝梁时，已引起君臣名流的注目，陶弘景《论书启》称《黄庭》《劝进》《像赞》《洛神》为"逸少有名之迹"。

唐代褚遂良《右军书目》"正书都五卷"中，将《乐毅论》、《黄庭经》、《东方朔画赞》，单独分别列为第一卷、第二卷、第三卷。在《黄庭经》下注明"六十行，与山阴道士"。今传世刻本正是六十行，末行题有"永和十二年五月廿四日于山阴县写"。《黄庭经》书迹流传有绪，然真迹早已不存，传世的有摹本、临本和刻本。

书中龙象、草书典范《十七帖》

《十七帖》是一件汇帖，为一组书信，凡 27 帖，134 行，1166 字。据考证是王羲之写给朋友益州刺史周抚的。书写时间从晋穆帝永和三年到升平五年（347—361 年），时间长达十四年之久，且大部分属誓墓归田之后，直到逝世前的六七年间所作，属于典型的"末年"草书代表作，是研究王羲之生平和书法发展的重要资料。

草书是王羲之擅长的书体之一。在王羲之之前，章草已经非常成熟。从魏晋时期流传下来的一些出土文物来看，这个时期今草已经有一定程度的发展，当然还没有完全与章草分离。王羲之总结了前人的成果，在师法张芝以及东晋以前其他书法家的基础上，一变汉魏质朴书风，而创妍美流便之草书。为今草确立了一个基本的标准，使今草与章草的界限变得分明起来，成为两种书体。

王羲之笔下的今草结构随笔势而变得自由灵活，充分体现

了草书"删难省繁，损复为单"的特征。从实用的角度上说，这更加便于提高书写的速度，字势连绵，笔断意连，书写的艺术性也加强了。其形态纵横牵掣，钩环盘纡，神态自若，具有变化无穷的美，笔画上改造了章草的"抑左扬右"式的波磔，而代之以随起随收、流畅自然的笔触。

《十七帖》是王羲之著名的草书代表作，因卷首由"十七"二字而得名。原墨迹早佚，现传世《十七帖》是刻本。

此帖前人评价甚高。唐张彦远《法书要录》中说它是"烜赫著名帖也"。唐蔡希综《法书论》说："晋世右军，特出不群，颖悟斯道，乃除繁就省，创立制度，谓之新草，今传《十七帖》是也。"

这卷帖除了四行楷书外，其余都是今草，随手写来，流畅劲健，轻松自如地传达出一种典雅高贵的气息。梁武帝以"龙跳天门，虎卧凤阙"来比拟王羲之的书法。"龙跳"，矫健而不轻滑，"虎卧"，威严而不凶暴；其环境又是虚渺的"天门"、华贵的"凤阙"。寥寥数字，说出了王羲之书法美的特质，流传千载的这部《十七帖》，集中地体现了这种雄逸之美。

宋朝的黄伯思说："此帖逸少书中龙也。"朱熹说："玩其笔意，从容衍裕，而气象超然，不与法缚，不求法脱。所谓一一从自己胸襟中流出者。"也有人认为此帖"笔法古质浑然，有篆籀遗意"。风格典雅，不激不励，而风规自远，绝无一般草书狂怪怒张之习，透出一种中正平和的气象。全帖行行分明，字与字之间偶有牵带，但以断为主，形断神续，行气贯通；字形大小、疏密错落有致，真所谓"状若断还连，势如斜而反直"。

《十七帖》用笔方圆并用，寓方于圆，藏折于转，而圆转处，含刚健于婀娜之中，行遒劲于婉媚之内，外表冲融而内含清刚，简洁练达而动静得宜，这些可以说是习草者必须领略的境界与法门。

尤其是他写得从容、不受法的拘束，好像从自己胸中自然流出一样，最为深刻准确。孙过庭曾说："子敬（王献之）已下，莫不鼓努为力，标置成体"，即王献之以下，都是在写字时故意用力，故意要表现自己有自己的艺术风格，这样就反而失去书写时的自然之美了。

还有一点要提及：章草之韵。《十七帖》是地道的今草（小草）书，细细品味，又能感到一种清晰的章草余韵荡漾在字里行间。比如《十七帖》的草书基本上字字独立，大部分字的体势趋于扁平，笔画的横平竖直基调贯穿在每一件作品之中，有的地方还明显保存章草书的笔法特征如捺脚、回钩、转折处的隶书笔意等等。这是一种与秦汉简牍书法一脉相通，但又完全不同于简牍书法的全新书体。

由于王羲之在书法上有极大的贡献，所以在他身后，历代都将他的书迹视为至宝。因此，东晋时期的书家中，数他留下的作品最多。现在我们所能见到的墨本草书有《七月一日帖》《寒切帖》《初月帖》《远宦帖》《上虞帖》《长风帖》《游目帖》《此事帖》《大道帖》《行穰帖》等，皆为唐宋时期的摹本。

从这些最接近于真迹的摹本来看，风格各不相同。其中《寒切帖》《远宦帖》尚有章草遗意，点画古拙，多不牵连；《初月帖》《上虞帖》《游目帖》《行穰帖》等运笔轻快，流美自然；而《大道帖》则奔放驰骋，一曳如风。王羲之草书传世之作更多的是以刻帖的形式流传至今，其中影响较大的有《十七帖》和《淳化阁帖》中的草书。

第十二章

大哉书圣　万世称颂

王羲之兼善隶、草、楷、行各体，精研体势，心摹手追，广采众长，备精诸体，冶于一炉，摆脱了汉魏笔风，自成一家，影响深远。其书法平和自然，笔势委婉含蓄，道美健秀，后人评曰："飘若游云，矫若惊蛇"、"龙跳天门，虎卧凤阙"、"天质自然，丰神盖代"，被后人誉为"书圣"。王羲之书法对后世影响深远，一千多年来，上至帝王将相，下至士族百姓，无不对之敬重有加，对其作品视作临摹楷模。

书扇卖扇，书寿添寿

诗圣李白，书圣王羲之。能被称为圣者，可见其在书法史上的地位和受尊崇喜爱的程度。王羲之的书法深受人们喜爱，因此有许多故事流传于世。

王羲之在年轻时，书法作品就已成为珍品，一般人很不容

易得到。有一次，王羲之在蕺山，看到一个老太婆拎了一篮子六角形的竹扇在集上叫卖，那种竹扇很简陋，没有什么装饰，根本引不起路人兴趣。时正五黄六月，烈日炎炎，没有一丝风。老太婆苦苦地站在那里，汗水湿透了衣裳，可是她的竹扇却无人问津。

老太婆扇子卖不出去，中午无钱买米，岂不是要断炊吗？王羲之动了恻隐之心，走到老太婆跟前说："你这竹扇上没画没字，当然卖不出去。我给你题几个字，怎么样？"

老婆婆不认识王羲之，见他这样热心，就答应了。王羲之提起笔，在每把扇面上龙飞凤舞地写了五个字，还给老婆婆。老婆婆不识字，觉得他写得很潦草，心中责怪，这人在我扇子上胡画乱涂些什么？弄脏了竹扇，恐怕更没人买了。

王羲之看出来了，安慰她说："别急。你告诉买扇的人，就说上面是王右军写的字。要一百钱一把！少一分钱也不卖。"

老太婆也听说过王右军的名号，只是想不到他竟然就站在面前。于是老太婆按照王羲之所说，一百钱一把，大声吆喝。一篮子竹扇果然很快就被一抢而空。真是天降财神。老太婆眉开眼笑，赶紧跑回家又抱来一堆扇子请求王羲之写字。

"你已卖了竹扇，不会饿肚子了。"王羲之笑了笑，转身走了。

还有一个故事《书寿添寿》：

有个甄秀才，酷爱收藏历代名人书画，尤喜字帖，只要发现哪里有名人字帖出售，即使倾家荡产，亦在所不惜。日子一久，家藏字帖渐丰，颇为自得。但是他所藏字帖中，唯独没有王羲之的墨宝。这成为他最大的憾事，以致吃不好睡不安，朝思暮想忧思成疾，

不久便一命归阴了。

甄秀才的妻子见丈夫忧郁而死，悲痛欲绝，伏在棺材上号啕大哭："该死的王羲之，是你害死我家男人的，我恨不得抽你的筋，扒你的皮……"她哭得伤心，骂得狠毒，不料被正巧门前经过的王羲之听到了。王羲之暗暗吃惊，自己与这户人家素无瓜葛，为何要如此挨骂呢？为了弄清事情的原委，王羲之近前问道："这位大嫂，你丈夫死了与王羲之有什么关系？你为何要这样骂他？"

甄妻把自家男人平日如何敬慕王羲之的字，又如何求之不得，最后竟积郁成疾以致病死的事述说了一遍。最后问道："你说这个王羲之该不该骂？"

王羲之又感动又难过，只是不便明言自己的真名实姓。想到甄秀才是为自己的字而死，何不还他一个"寿"字以表歉意，也了却秀才生前的愿望。于是，王羲之叫甄秀才之妻拿来文房四宝，提笔在棺材档口上写了个斗大"寿"字。

说也奇怪，"寿"字刚写完，棺材里的秀才便悠悠醒转来，长长地出了口气，大叫一声："闷杀我也！"秀才的亲人一听见棺材里死人讲话了，都吓得面如土色，以为要诈尸，慌忙往外跑。幸好棺材尚未钉死，甄秀才用力一顶，顶掉棺材盖儿爬了出来，大喊："大家莫怕，我还没有死啊！"

秀才妻子仗着胆问："夫君不要吓我，你真的是活人？"秀才说："不信你摸摸我的手，还是热的呢！"妻子一摸，果然热乎乎的。

　　王羲之觉得这真是天下奇谈，也过来向甄秀才道贺。甄秀才兴奋地说；"我睡在棺材里，迷迷糊糊地向阴曹地府走，忽然闻到一股墨香，我朝着墨香处走去，有一老者送了我一个'寿'字。那几个拿我性命的小鬼见我手里的'寿'字，高兴地说：'阎王爷大寿之日快到了，你这个'寿'字写得特别好，拿去送给阎王爷，让他老人家高兴高兴。'夺了我手里的寿字就跑，却把我留了下来。我就悄悄地回来了。"甄秀才说罢，看见棺材档口上果然有个斗大的寿字，不禁大喜："哈哈，就是这个'寿'字，此乃右军之笔也！能得右军一字，我也心满意足了！阎王爷有了这个'寿'字，不会再来索我的命了。"

　　至此，大家这才知道，这清瘦老者就是王羲之。甄妻激动地说："怪不得我丈夫喜欢你的字，原来你的字这样神奇！他为得不到你一个字而死，又为得到你一个字而生，真是死也由你，生也由你呀！"

　　第二个故事虽然太过夸张，但从一个侧面说明了王羲之书法在人们心中的神圣地位。

帝王将相，粉丝万千

　　"帝王一代帝王，圣贤百代帝王"（毛泽东《讲堂录》）。书圣王羲之经历一千七百年，彪炳书史，千古一帝。在中国书法史上，"王羲之"这个名字与"书法艺术"几近同义语。虽然王羲之的书法艺术流传至今，其作品真迹已无片纸只字，但是"天下无处非王书，学书无不学王书"已是不争的事实。在王羲

之身后，从皇帝亲王到达官显贵，从高人逸士到平民百姓，从硕儒文豪到佛道中人，从华夏大地到亚裔邻邦，到处都可看到王羲之深刻而巨大的影响。

翻阅历史，我们首先可以从历代帝王和文学名人对王羲之书法的态度上窥见一斑。从梁武帝开始，唐太宗、宋仁宗、宋高宗、康熙、乾隆等历代皇帝，都与王羲之及《兰亭集序》有着千丝万缕的联系。可以说，东晋以后历代帝王对王羲之书法的推崇，导致了东晋以后中国书法史的发展以王羲之书法为正宗。

在王羲之去世后一百余年，南北朝时期，南梁的创建者萧衍（464—549年），世称梁武帝，也是一位书法家。梁武帝是历史上最早重视王羲之书法的皇帝，因此，历史上第一次学王羲之高潮在南朝梁。

南北朝时期除了梁武帝，还有晋武帝、元帝、宋明帝、齐高帝、齐武帝等皇帝都擅长书法，而梁武帝的书法成就最高。他把当时的书法排位由"王献之、王羲之、钟繇"转变为"钟繇、王羲之、王献之"。在《观钟繇书法十二意》中，梁武帝萧衍说："子敬之不逮逸少，犹逸少之不逮元常。"虽然王羲之仍排在钟繇之后，但超过了王献之，这是极大的转变。萧衍的皇帝地位使他的品评有特殊的号召力。另外，南朝梁庾肩吾的《书品》中，也将王羲之书法列为"上之上"，从舆论上为王羲之的书法奠定了基础。

梁武帝时期，就有人仿冒王羲之的书法，当时内府秘藏的王羲之书迹已经掺杂有不少赝品。梁武帝搜集的"二王书法"作品达一万五千纸以上，后来因为兵乱销毁损失，留存下来的很少。

梁武帝与当时的著名医药家、炼丹家、文学家，人称"山中宰相"的陶弘景书信往来很频繁，很多都是讨论王羲之书法及其真伪的。梁武帝一方面对前朝流传下来的王羲之书法进行整理鉴定，辨别真伪；同时，他又将定为真迹的墨宝钩摹出许多副本，提供给皇室子弟作为学书法的范本。王羲之的七世孙智永禅师在《题右军〈乐毅论〉后》中记载，王羲之的《乐毅论》"梁世模出，天下珍之，自萧、阮之流，莫不临学"。

梁武帝评价王羲之书法："王羲之书字势雄逸，如龙跳天门，虎卧凤阙，故历代宝之，永以为训。"这句话后来成为后人评价王羲之书法的重要依据。梁武帝对王羲之的重视，为后来的帝王喜欢王羲之及《兰亭序》起到了重要作用。

第二次学王羲之的书法高潮在唐朝。唐太宗极度推崇王羲之，不仅广为收罗王书，还亲自为《晋书·王羲之传》撰赞辞，评钟繇则"论其尽善，或有所疑"，论献之则贬其"翰墨之病"，论其他书家如子云、王蒙、徐偃辈皆谓"誉过其实"。通过比较，唐太宗认为右军"尽善尽美"，"心慕手追，此人而已，其余区区之类，何足论哉！"其实，在《晋书》撰成之前，欧阳询就在《用笔论》中评王羲之曰："冠绝古今，唯右军工逸少一人而已。"与《晋书王羲之传》对王羲之的评价如出一辙。

唐太宗是将王羲之推上书圣地位的关键人物。唐太宗喜欢王羲之书法，很想把《兰亭序》据为己有。因此，才有了"萧翼智赚《兰亭序》"的故事留传至今。

唐太宗之后，唐人孙过庭在《书谱》中评论王羲之说："且元常（钟繇）专工于隶书，伯英（张芝）尤精于草体；彼之二美，而逸少兼之。"孙过庭认为王羲之兼有钟繇正书、张

芝草书之美。

唐代李嗣真《书品后》云:"右军正体……可谓书之圣也。若草行杂体……可谓草之圣。其飞白也……可谓飞白之仙也。"第一次明确地称王羲之为"书圣"。可见,唐太宗对王羲之的那些评价,其实并不是他一人的观点,只是因为他贵为皇帝,所以影响特别大。从此王羲之在书学史上至高无上的地位被确立并巩固下来。

自古以来,帝王所好,下必效之。受唐太宗的号召,唐代欧阳询、虞世南、褚遂良、薛稷和颜真卿等书法家无不受王羲之书法影响,于是有"虞世南得其美韵"、"欧阳询得其力"、"褚遂良得其意"、"薛稷得右军之情"的说法。

唐太宗酷爱王羲之书法甚于梁武帝。他不但自己精研王氏书法,对王羲之书法亦步亦趋,连他书写的《晋祠铭》,基本上也是"志气平和,不激不励"的右军风骨。他还广泛悬赏收集"二王书法"作品。据史料记载,唐太宗收藏御内的书法作品达2290纸,其中以王羲之的书迹最多。他还将褚遂良"召入侍书",加以重用,整理鉴别王羲之书法。让释怀仁集王字集成自己所撰的《圣教序》,并让初唐书法名家和臣民百姓学习王羲之书法,使王羲之书法从此受到社会的普遍推崇。

唐代武功既盛,文事亦隆。唐代书法艺术在帝王的倡导下,承继王羲之书法艺术中的变革精神,进入了一个规整和变法并行不悖、共创辉煌的划时代的时期。

初唐承隋。高祖李渊、太宗李世民、高宗李治和女皇武则天皆擅翰墨,而且专习王书。唐太宗李世民,笃好王羲之书法,定王书为一尊,誉之为"尽善尽美","千古一人"。他派人赚取《兰亭》,摹拓复制,分赐大臣。"贞观十三年,敕购求右军书，并贵价酬之，四方妙迹，靡不毕至。"（《二王等书录》）贞观二十二年，太宗制《圣教序》，弘福寺僧怀仁集右军行书勒石，累年方就，逸少剧迹咸萃其中。是碑一出，士林景从，莫不借此仰契右军。有唐一代行书，每每宣传临习"二王"，实则全从此碑而出。"模仿羲之书，必自怀仁始"（《宣和书谱》）。从此以后，王羲之的《兰亭》等帖法书，遂流播民间，初、中、晚三唐至五代莫不受其影响。欧阳询、虞世南、褚遂良、陆柬之、孙过庭、薛稷、钟绍京等，无不接武六朝，步趋"二王"。

中唐以降，学习王书，发展出两大书体。张旭创立狂草，颠形诡异，纵逸不羁。释怀素，醉后落笔，神奇莫测。时人合称"颠张醉素"，誉为"草圣"。颜真卿，正书雄伟，器宇宽广，以凛然郁勃之气，粗犷豪纵之体，力扫时俗纤丽蕴藉之风，创立"颜体"，朝野耳目为之一新，后人誉之为"鲁公变法"。狂草和颜楷，是中国书法史上划时代的里程碑。

晚唐名噪书坛的沈传师、柳公权、苏灵芝、释高闲等，学王书亦可称道。

五代十国，书法特出者为杨凝式。他食古能化，深得书学三昧，自颜真卿后，无人能及。宋代黄庭坚极推其书，曾谓"世人尽学《兰亭》面，欲换凡骨无金丹。谁知洛阳杨风子，下笔便到乌丝栏"。后人称其为"五代中坚"。

南唐诸帝亦好文艺，尤其是后主李煜，不仅擅长填词，而且通音律、善书画，尤雅重大王（羲之），称小王（献之）失之惊急，无蕴藉之态。他在《书述》中对王羲之点评比较中肯：善法书者，各得右军之一体：若虞世南得其美韵，而失其俊迈；欧阳询得其力，而失其温秀；褚遂良得其意，而失其变化；薛稷得其清，而失于拘窘；颜真卿得其筋，而失于粗鲁；柳公权

得其骨，而失于生犷；徐浩得其肉，而失于俗；李邕得其气，而失于体格；张旭得其法，而失于狂；献之俱得之，而失于惊急，无蕴藉态度。

宋、元、明、清诸朝学书人，无不尊晋宗"二王"。宋朝皇帝对王羲之书法艺术的推广起到了推波助澜的作用。自从宋太祖赵匡胤960年发动陈桥兵变，自立为帝，建立宋王朝以后，半个世纪的五代十国分裂混乱局面至此结束，国家复归统一。从公元960年至1279年，三百多年间，书法发展相对来讲比较缓慢，但对王羲之的书法可谓推崇备至。

宋太宗赵光义留意翰墨，购募前朝帝王名臣墨迹，下旨命侍书王著摹刻于枣木板上，厘为十卷，这就是《淳化阁帖》，当时每个朝中大臣都御赐一部拓片。《淳化阁帖》是我国第一部著名法帖，自汉章帝至唐高宗，及诸名臣，帖中有一半是王羲之、王献之的作品。所以宋初的书法，是继唐太宗遗风宗"二王"的，在《淳化阁帖》中就可见端倪。《阁帖》的广泛流传，促进了宋代书法艺术的发展，形成了中国书法史中帖学书法的传统，它对以后的书法历史产生了巨大的影响，宋太宗赵光义功不可没。

宋高宗赵构亦曾临《兰亭序》赐孝宗，于帖后记曰："须依次临五百本。"宋高宗曾自谓：余"自魏晋以来以至六朝笔法，无不临摹。或萧散，或枯瘦，或遒劲而不回，或秀异而特立，众体备于笔下，意简犹存于取舍。至若《禊帖》则测之益深，拟之益严。姿态横生，莫造其原，详观点画，以至成诵，不少去怀也"。魏晋至六朝笔法，宋高宗什么都学，可见他学书极其用功。"每得右军或数行，或数字，手之不置，初若食口，喉间少甘则已，末则如食橄榄，味久愈在。凡五十年间，非大利害相妨，未始一日舍笔墨。"他对王羲之的"天下第一行书"《兰亭集序》，也情有独钟，"详观点画，以至成诵，不少去怀也"，达到不管小字大字，都能"随意所适"，而"颇具佳趣"的地步。御书《兰亭集序》一本，勒石于宋兰亭天章寺。他从广泛临摹到专精《兰亭集序》，其广篗博取的传统功底，锲而不舍的学书精神，不像一位皇帝，倒像一位职业书家。

虽然宋高宗专精《兰亭集序》，但对待书法权威，他也曾大胆地提出质疑，绝不迷信。他认为何延年说王羲之写《兰亭序》时"如有神助"及"醒后更书百千本，无复如者"的话是说得过分了。他觉得王羲之的其他书法作品并不一定比《兰亭集序》逊色，只不过这些"数行数十字"的信札如"寸锦片玉，玩之易尽"罢了，而《兰亭集序》则"字数比他书最多，若千丈之锦"，使人"心目不可忘"也。

宋高宗在中国书法史上的意义，不仅在于他的书法水平，更在于他提携和影响了南宋一代书风。他自己整理收集宣和内府因战乱而散失的古代法帖名画，身体力行地提倡大众研习书法。他认为"士人于字法，若少加临池之勤，则点画便有位置，无面墙信手之愧"。他自己善学《兰亭集序》，还赠之与皇子和朝中大臣，又让宋孝宗学书。一时间，以高宗为中心，南宋几乎掀起了一个学书高潮，而且也是以王羲之及《兰亭集序》为中心的。

由于宋代这么多皇帝对王羲之、对《兰亭集序》的重视，当时，士大夫的家里出现了家家都有《兰亭集序》刻石的局面，丞相游氏一人就收藏了《兰亭集序》各种版本上百种。在浙江绍兴兰亭王右军祠内墙上，至今还保存着游氏收藏的《兰亭集

序》刻石。这在书法史上是绝无仅有的现象，比唐太宗时期有过之而无不及。

在中国书法史上，以帝王之尊力倡一人之书者，仅此而已，其他书法家没有这么幸运。至此，王羲之已经被推上了"书圣"地位。

宋代对王羲之书法的崇拜、临习和研究，超过唐代，可以说达到了狂热的程度。宋王朝建立后，立即着手恢复五代割据所破坏的礼制，偃武修文，一洗五代锋镝之腥。于是出现了一批证经补史的金石学家，如刘敞、吕大临、欧阳修、赵明诚等。随着金石学的发展，以宋太宗为首，提倡刻帖之风，至南宋仍经久不衰。宋代帝王好《兰亭》、热衷于习王字，以帝王之尊，直接影响着一代书风。宋太宗擅楷、行、草各体。淳化三年（992年），太宗出秘阁藏历代法书，命侍书学士王著编刻，命名《淳化阁帖》，"二王"书法占了一半。宋徽宗更是浸淫书画，命蔡京等刻《大观帖》，著录《宣和书谱》。南宋高宗赵构全心钻研"二王"书艺，专精《兰亭》，达到了"详观点画，以至成诵"的程度，亲自临写《兰亭》，分赠大臣，形成以习《兰亭》为荣的风尚。高宗以后的孝、光、宁、理诸帝，皆尊家学，以"二王"为嚆矢。于是形成了一门皇帝皆习"二王"，普天之下归宗"二王"的氛围。

"上有好者，下必甚焉。"除了太宗的《淳化阁帖》和徽宗的《大观帖》外，北宋还刻有《潭帖》《绛帖》《庐陵帖》《元祐秘阁续帖》《二王府帖》《临江戏鱼堂帖》《汝帖》，南宋刻有《绍兴国子监帖》《鼎帖》《淳熙秘阁续帖》《修内司帖》《博古堂帖》《群玉堂帖》《星凤楼帖》《甲秀堂帖》《宝晋斋帖》《凤墅帖》《世彩堂帖》等，各种刻帖多以"二王"书法为主要

内容。

刻帖之风带动了刊刻《兰亭》之风，御府首倡，文人士大夫们紧随其后。"江左好事者，往往家刻一石，无虑数百本"。文人士大夫以家藏《兰亭》为荣，仅南宋理宗御府所集藏的精品就达一百十七刻，装裱十册。

奸臣丞相贾似道得一百七十余本，分为十支。丞相游氏收《禊帖》百种，分为甲乙十集。《兰亭帖》的大量刊刻，又进一步普及了王羲之的书风。

随着阁帖和丛帖的广泛传布，逐步开始对《兰亭帖》进行深入的研究。宋人对《兰亭》的咏赞诗之多是惊人的，作者遍及社会各阶层。更为可喜的是出现了《兰亭》研究著作，有桑世昌《兰亭考》、俞松《兰亭续考》及吴师卿《兰亭辨考》等。他们采撷各家所言，芟繁撮要，推其源流，辨其异同，作了归纳、整理，保留了诸多史料，为后人研究《兰亭帖》打下了坚实的基础。

宋代书家，虽承唐学王，却以尚意为主调。苏轼、黄庭坚、米芾、蔡襄四大家一时并出，先后辉映，均以颜真卿、杨凝式为归依，而上追王羲之。苏东坡少时"日学兰亭"，蔡襄到晚年都感到"右军难学"，他们既取法"二王"，又能破除迷信，不拘成法，追求个性，引领潮流。黄庭坚甚至告诫时人，"《兰亭》虽真行书之宗，然不必一笔一画为准"，并提出"承学之人，更用《兰亭》永字，以开字之眼目，使学家多拘忌，成一种俗气"。

此外，王著、周越、欧阳修、王安石、文彦博、林逋、范仲淹、沈辽、蔡卞、党怀英、元好问、赵秉文、王庭筠等无不以王书为指归，以书擅名。

宋代姜夔酷爱《兰亭序》，据说藏有《兰亭序》共四本，

有黄庭坚、王晋之、葛次颜、单炳文的题字，日日研习，常将所悟所得跋其上。有一跋云："廿余年习《兰亭》皆无入处，今夕灯下观之，颇有所悟。"历时二十多年才稍知入门，可见《兰亭序》的精妙释读之难，可见文人们对王羲之书法的用功之勤。一千六百多年来无数书法家都孜孜不倦地释读过，何尝不想深入羲之的堂奥，但最终只能得其一体而已。因此，《兰亭序》可以说是由杰出的书法智慧所营造成的迷宫。

南宋人虽刻王书学王书，但由于翻刻失形和模拟当朝，书风日下，未能出现书法大家。

公元1279年，忽必烈灭南宋。至元二十四年（1287年）春，赵孟頫入大都仕元。在书法艺术活动中，赵孟頫与鲜于枢等人共同力挽颓风，一股向晋人学习的回归潮流，逐渐占据了整个朝野。赵孟頫一生学书，宗奉"二王"书法。他一生临习《兰亭》无数，又作有大量题跋。其书作和文跋是继"北宋四大家"之后，学习、研究王书达到的新的高度。他的书法依托"二王"，影响明清和近现代。其题跋中以《兰亭十三跋》最为有名。其中第七跋云："书法以用笔为上，而结字亦须用工。盖结字因时相传，用笔千古不易。右军字势，古法一变，其雄秀之气出于天然，故古今以为师法。"在赵孟頫托古改制、回归"二王"的旗帜下，邓文原、揭斯、饶介、李倜、倪瓒、虞集、柯九思、张雨等人各有体势。

明代是继宋代以后又一个崇尚帖学的时期。明朝诸帝中，成祖朱棣好文喜书，曾经诏求四方善书之士写朝廷的诏书及皇帝的特殊文告，这些人都被授中书舍人官职，舍人中又选28人专习"二王"法帖，并且尽出秘府所藏古今法书，供他们临摹和赏玩。仁宗朱高炽也在万机余暇，留意翰墨，曾经临《兰亭

序》帖赐沈度。宣宗朱瞻基、孝宗朱祐樘酷爱沈度之书，而沈度之书亦多从王羲之而来。神宗朱翊钧少年时的书法就笔力遒劲，即位以后，也常常携带王献之《鸭头丸帖》等随意欣赏。

明代三百年，从整体上来说，是帖学风行的时代，法帖传刻十分兴盛。著名的有常姓翻刻阁帖《泉州帖》，周宪王刻《东书堂帖》，文徵明刻《停云馆帖》，董其昌刻《戏鸿堂帖》，华夏刻《真赏斋帖》，莫是龙刻《崇兰馆帖》，王肯堂刻《郁冈斋帖》，邢侗刻《来禽馆帖》等。帖学大行，士人竞相临摹，蔚然成风。所以明人善行草者极普遍，简牍之美，几越唐宋。

明朝前期，书坛深受赵孟頫影响，余韵不绝。直至明中期，刘珏、姚绶、詹僖、金琮等家，无出赵的法门。另有一些书家如宋克、陈璧、解缙、张弼、张骏、陈献章等，则能另辟蹊径，自成别调。

明代中期，吴中地区人文荟萃，书家辈出。以王书为绪，各具风采。如徐有贞行草书的遒放雄健、沈周的苍劲秀润、王鏊的清劲峭拔、吴宽的姿润奇崛等。

弘治至嘉靖年间，吴中崛起祝允明、文徵明、王宠、陈道复，称'吴中四家'。

祝允明是穷年白首、池水尽墨的专业书家，各体皆工，名播遐迩。草书长卷大幅，奇纵跌宕。文徵明为吴门画坛的盟主，小楷尤为精整，师承晋唐，行书出入《圣教序》。

文徵明的学生陈道复，上寻"二王"，下模唐宋，脱出师门，自成一格。王宠的书法出于王献之，以楷书擅名，笔法遒逸婉和，深得晋唐雅趣。另外，浙江宁波的丰坊，行草学"二王"，宽舒醇厚。松江的陆深，骨力遒劲。

明代晚期，董其昌尊王学王，雄踞书坛，成一大家。其书

风圆劲秀逸、行气疏朗，别具一格。董其昌不仅书法享有盛誉，其书学也是一代宗师。晚明与董其昌齐名的还有邢侗、米万钟、张瑞图，时称"邢董米张"。其中张瑞图的行书，初师钟、王，书体温和淳雅，后期用笔转为屈曲方折，风格奇宕。邢侗主要以"二王"为宗，笔力矫健，古朴圆浑。

清代虽以碑学打破帖学的范围，但王羲之的书圣地位仍未动摇。"书圣""墨皇"虽有"圣化"之嫌，但世代名家、巨子，通过比较、揣摩，无不心悦诚服，推崇备至。清朝建立后，虽然定满文为国家文字，但仍以汉民族文化为重，几朝皇帝也雅好翰墨。顺治皇帝自称"亦临《黄庭》、《遗教经》二帖"。康熙帝酷爱董其昌的书法而追溯王羲之，有时日临《兰亭序》数遍，曾为兰亭御书《兰亭序》，并在兰亭勒石立碑，此碑高近6.86米，宽2.64米，所临《兰亭序》全文，不失右军之意，20个"之"字也写得各不相同，没有反复临写《兰亭序》的功夫是达不到这种境界的。

乾隆帝喜欢赵孟𫖯的书法，也是王羲之一脉的书风。乾隆四十四年（1779年），乾隆将内府所藏唐虞世南、褚遂良、冯承素钩摹的王羲之《兰亭序》墨迹和柳公权《兰亭诗》及《戏鸿堂帖》刻柳公权《兰亭诗》原本，于敏中补《戏鸿堂帖》刻柳公权《兰亭诗》缺失部分，董其昌仿柳公权书《兰亭诗》，乾隆临董其昌仿柳公权《兰亭诗》，命工摹刻在8个石柱上，名为《兰亭八柱帖》。首刻乾隆题八柱册并序，分为8册，每册首题隶书帖名及次第。石原置圆明园中。他又专辟一室为"三希堂"，视王羲之《快雪时晴帖》、王献之《中秋帖》、王珣《伯远帖》为性命。

清代初期，书坛流行最广的仍是董其昌的书体。康熙皇帝玄烨，酷爱董书并写有一手董体。海内董书真迹，搜访殆尽，朝野士人，风趋云会。如笪重光、姜宸英、汪士宏、何焯、沈荃、张照、王澍、查士标等人，均以董书为门径，采撷晋唐各家，创立自己的风貌。

至乾隆一朝，书风渐变。乾隆皇帝弘历尚好赵孟頫书体。他习赵书，却无赵孟頫的骨力；推崇王书，却少右军的韵味。再加科举以书法取士，使书风渐成"乌、方、光"的"馆阁体"，走入末路。

乾隆至嘉庆年间，帖学书风进入了最后的繁荣，张照、刘墉、梁同书、王文治、成亲王爱新觉罗·永瑆等人，在取法和发扬"二王"书帖风格方面获得很大的成功。王文治自称"从事于《兰亭》者三十年，从事于《定武》者二十余年"。

乾、嘉以后，碑学勃起。从事碑学的阮元、包世臣、伊秉绶、邓石如、吴熙载、何绍基、赵之谦、康有为、翁同龢等大家，都曾受益于右军书帖，后在书坛中竖起碑学大旗，使帖学受到了最大的挑战。

统观明清两代，学右军书体最有成就者，首推王铎。王铎为明代旧臣，降清入仕。他于王书笔濡目染，融会贯通，左右逢源，成为一代草书大家。傅山则属于高人逸士，一生出入"二王"，自称："真行无过《兰亭》，再下则《圣教序》。"

有因有果，无愧书圣

王羲之的书法，在中国书法史上起着承前启后的作用。他不仅在古代影响深远，哺育了一代代的书家，到了近现代，仍然是书坛崇敬的伟人。人们不仅崇敬他，而且把他的书法作品

当做临摹的范本。学习书法者，从唐楷入手，继而学习行草，莫不以"二王"为师。

王羲之的书法，不仅得到国内公认，对历代书家影响甚大，且在唐代即随文化交流扬名海外，对日本、朝鲜的影响尤为深远，并且随着中西文化交流，也逐渐为西人所知。

汉朝国力强盛，与国外交往频繁，汉文化远播四方，不少典籍也传到了海外。因图书全是写本，所以汉字和汉字书法也随之流传开去，中国书法在朝鲜、日本、越南等地都生了根，尤其在日本得到了辉煌的发展。

近年来，日本书法发生了很大的变化，随着西方思想意识和审美观念的深入，出现了少字数派、前卫派等现代书法，但古典传统派书法仍占主导地位，晋、唐书法，尤其是王羲之书风仍被认定是书法的正脉。

一千多年前的王羲之书法，为什么会有这么大的影响力？后来很多书法家都有很高的成就，为什么不能取王羲之而代之？这个问题要放到书法史中来看。

艺术的发展史必然是一部创新史，没有创新就没有发展。王羲之被历代帝王与文化人看好，首先是他的创新精神。

由于东晋时期受老庄玄风的影响，加上当时士族优越的生活条件，整个社会的审美情趣已经逐步从古朴、凝重转向妩媚、自然、适意、洒脱。这种不入时俗、强调个性、追求自然、反对束缚的精神，也是魏晋士大夫对人生与艺术的独特理解与追求，成为魏晋时期的独特文化现象。

在这样一个大时代下，王羲之不满意于当时书法用笔滞重、结体古拙的局面，努力博采众长，精研体势，以自己厚实的传统根基与胆敢独造的革新精神，一变汉魏以来的质朴书风，创立了自然、适意、洒脱、流便的书风，使中国的书法大大地向前推进了一大步。王羲之是中国书法由"古质"、走向"今妍"的关键性人物。

从汉字的发展演变上看。中国文字在历史上经历了多次大的变化，从篆书系统向隶书系统转变是一次关键性的变化。我们现在汉字应该都属于隶书系统，也就是人们常说的表意文字。隶书系统的文字在以后的岁月里繁衍出很多变体，如行书、草书等，这个过程都发生在汉代，隶书本身也最终演化成为今天常见的楷书。在王羲之之前，这些书体都有一定的规模，但还是不够成熟。比如钟繇的楷书，相对来说还是处于初级阶段；张芝的草书也属于质朴一路。王羲之书法在他们的基础上取代了前人，成为一种全新的文字范式。

王羲之之后的书法家当然也不可能停留在模仿王羲之的书法上，比如唐朝的欧阳询、颜真卿、柳公权等，他们将楷书推向了更为标准化的境界。但是，宋朝的文人书法家大多认为，他们的楷书有刻意安排的痕迹，虽然在实用方面是够标准的，但与王羲之相比，却显得有些不够自然。正因为王羲之的书法艺术境界符合中国人的审美理想，字形姿态丰富但不过分张扬，气息冲和，刚柔相济，既有法度，又有极高的审美境界，所以在他之后的很多朝代的书法家都愿意接受他。人们把羲之尊为"书圣"，恐怕就是这个道理。

其次，王羲之的书法处处渗透着魏晋时代崇尚的那种"不激不励，风规自远"的"中和"之美，而"中和"之美正好符合中国文化精神。王羲之温文尔雅、刚柔相济的书风确立后，由于它符合中和之美的要求，所以才会被历代帝王所喜欢，使历代文人学士奉为圭臬，使王氏书风雄霸书坛一千七百多年，

帖学的潇洒流美之风长期以来成为书坛的主流。这种影响虽然与帝王推崇不无关系，但更重要的是由植根于中国人心灵深处的审美意识决定的。这种审美意识就是贯穿于中国文化精神的中庸观念、中和之美。中庸思想的包容性很大，所以王羲之书法的包容性与多样性也极为丰富，这种思想反映在书法上成为中国书法的主流自有它积极的意义。

王羲之的书学比较全面，他的楷书结体匀称俊俏，点画细微之处蕴蓄多姿。行书更加随意，不求笔画平正严谨，而是强调变化，使字里行间婉转灵动，变化多姿，写出了俊逸、妍美而又雄健的行书，特别是《兰亭集序》达到了万法齐备、炉火纯青地步。至于草书，则是删除了章草中带有隶书笔意的波磔，加强了用笔的使转，使得转折处笔势连绵，流畅而富有韵致，开创了今草的新局面。

由于王羲之书法本身所具有的包容性与多样性，后世学者可以从王羲之身上化身千万，得以发展。如颜真卿对王羲之的继承是以他不同于王羲之的面目出现的，米芾又不同于颜真卿，颜真卿和米芾无疑都是王羲之最伟大的继承者和发展者。

另外还有一个摆不到台面的原因：作为一个皇帝，推崇古代贤哲，理所当然，而推崇一个本朝士大夫就显得比较困难，很难想象唐太宗为给褚遂良写传论，把褚遂良的书法说得"尽善尽美"。艺术的推崇，需要历史的筛选与时间上的距离感，一般人们不敢把我们身边的高手与古代的贤哲相提并论，哪怕这个高手已经超过了古人，因为艺术确实需要时间来考验。

历代帝王在广度上、深度上如此热爱书法、热爱王羲之，形成了一股强有力的势力，成为中国文化史上一道独特的风景，推动了中国书法艺术的繁荣发展。

正因为王羲之占尽了"天时、地利、人和"诸多因素，才最终被推上"书圣"宝座。

中国书史上虽推崇王羲之为"书圣"，但并不把他看作一尊凝固的圣像，而只是看作中华文化中书艺创造的"尽善尽美"的象征。事物永远是发展的、前进的，王羲之在他那一时代到达"尽善尽美"的顶峰，这一"圣像"必将召唤后来者在各自的时代去登攀新的书艺顶峰。

🍃 敛也帝王，毁也帝王

非常遗憾的是，我们现在已无法看到王羲之的笔墨原迹。如果细究原委，不难发现，搜求"二王"书法的多是帝王，毁坏"二王"书法的也多是帝王。

东晋末年安帝时，掌握朝政大权的是桓温的儿子桓玄。桓玄继承父业，一心想取代司马氏。晋安帝元兴元年（402年），桓玄举兵反叛，迫使安帝禅位，自立国号"楚"。刘裕起兵讨伐，桓玄兵败被杀。

桓玄也像桓温一样，"爱重二王，不能释手。乃选缣素及纸书正行之尤美者，各为一帙，常置左右。及南奔，虽甚狼狈，犹以自随，将败，并投于江。"（《二王等书录》）桓玄在兵败向南逃跑时，虽然非常狼狈，身边还带着王羲之、王献之父子的书法作品。将要被抓时，桓玄把"二王"的作品全部投入江中。可惜，中华文化中的书法珍品就这样被毁了。桓玄开了毁灭"王书"的恶劣先例。

刘宋末年，战乱四起，在宋、齐换代的丧乱之际，"二王"书迹大多遗失。齐高帝（479—482年）时，书府的全部古迹，

"唯有十二峡。"（《二王等书录》）

梁元帝萧绎承圣三年（554年），西魏将军于谨率军围攻江陵。梁元帝见大势已去，在投降之前，遣后阁舍人高善宝放了一把火，将梁王朝积五十年之力搜蓄起来的"二王"及其他法书，连同"古今图书十四万卷"，尽焚于烈焰之中。百官惊呼："文武之道，今夜穷乎！历代秘宝，并为煨烬矣！"（《二王等书录》）这把火，不仅是中华文化史上的劫火，更是书法史上最惨烈的一次劫难，"二王"真迹，大多焚毁于此。

让历史记住这一天——梁元帝承圣三年十一月甲寅日，即公元554年12月2日，夜。

"大业末，炀帝幸江都，秘府图书，多将从行，中道船没，大半沦弃。其间得存，所余无几。弑逆之后，并归宇文化及，至辽城，为窦建德所破，并皆亡失。"（《二王等书录》）隋朝炀帝去江南，带了很多书，结果中途船沉了，所载的书也少有幸免。其中不乏"二王"的书法精品。

到了北宋靖康元年（1126年）冬，金兵攻占汴京（今开封），掳走徽宗、钦宗二帝，将汴京城抢掠一空，包括二帝以下的后妃、亲贵，以及宫娥、内侍、百工、技艺等人，掠去皇宫法物重器以及太清楼秘阁三馆藏书、字画等（包括"二王"真迹摹本），最后都不知所终。

所以后世人指出，对"二王"书法艺术的继承和发扬，对"二王"法书的搜求和整理，聚也南朝，毁也南朝！敛也帝王，毁也帝王！

第十三章

服食之误　书圣之死

死亡是每个人都无法回避的事实。贵为帝王的秦始皇，求仙药亦难免一死。作为书圣的王羲之固然在书法艺术上成就卓著，但面对死神时，也未能免俗。晚年归隐后，他一度醉心于修身养性，除了服食之外还亲自炼丹。不得不承认，王羲之同样有他的时代局限性，虽然他的书法取得别人难以企及的成就，但在科学上他几乎是个"科盲"，而正是"科盲"害死了他。书圣已去，却给这个世界留下了弥足珍贵的书法墨宝，香飘万世，至今犹存。

书圣之死，谜题起底

不少业内人比较认同：王羲之是让王述给气死的。

王羲之晚年坚决辞官，并不是他清高。学而优则仕，在古代当官意味着对一个人的肯定。不当官必定有原因，通常都是

郁郁不得志，你觉得自己行，领导并不这么认为。王羲之一生最不服气的就是王述。可是王述却比他官大，且处处压制他。而且因为王述，王羲之还办了件最丢脸的事：王述升任扬州刺史，相当于今天的省长，王羲之主管会稽郡，相当于今天的市级领导。他听说王述升了，立刻派人去朝中，要求将自己的会稽升为越州，也提升到省级位置。结果官没升，反落下笑柄，让天下人耻笑。王羲之又羞又怒，"遂称病去郡，以愤慨致终"。

堂堂书圣，竟然是被气死的？这话听来有些夸张，但联系王羲之归隐后的种种表现，也不能说与王述没有一点关系。

关于王羲之之死，还有一种说法：他因为长期服用"五石散"，类似于今天的吸大烟中毒而亡。有人觉得这个结论难以接受，一位大书法家，被称之为书圣，不说德艺双馨，怎么也不能坏在这事上啊！在那个年代，能活到59岁已属长寿，若不吃五石散，或许连这个岁数都活不到。这种心情可以理解，但王羲之也是肉体凡胎，他同普通人一样身上也有缺点，甚至可以说是致命的缺点。

王羲之离开官场，退居山林，在呼朋唤友、吟诗作画、游山玩水之余，就是养生。不得不承认，王羲之同样有其时代局限性，虽然他的书法取得别人难以企及的成就，但在科学上他几乎是个"科盲"，而正是"科盲"害了他。试想，没有了官场羁绊，王羲之可以把更多精力和心思用在炼丹吃药上。如果没有吃丹药，他的寿命可能会更长。正因为吃了有毒的丹药，才过早夺去他的性命。

王羲之出生于琅琊，这里自古是开采多种重金属类以制造青铜器的地方。中国古代青铜器制造法，最早见于《考工记》，它由铜（Cu）与锡（Sn）、铅（Pb）合成。无论是开采还是灌铸，这种金属元素对周围环境的破坏性很大。王羲之自幼体弱，有癫痫、语言障碍，也许此类疾病的根源，正是来自于当地的环境污染。

日本荒金大琳在《王羲之人物考》中，就对刘义庆《世说新语·雅量》中"东床坦腹"故事提出质疑。指出这并非是王羲之的超逸之举，而是"有障碍的王羲之因为疲劳，所以躺在床上"。

《世说新语·汰侈》所记载的："王右军少时，在周侯末坐，割牛心啖之，于此改观。"其实这只是周顗对王羲之身体虚弱的关怀。可是世人对此却多有曲解，以为是王羲之得到如此礼遇。结果以讹传讹，竟传为美谈。

《晋书》记载王羲之服食丹药。1965 年，南京发掘王羲之堂妹王丹虎墓时，于墓中发现了 200 余粒硫化汞（HgS）丹药，推测即是当年王氏服食的实物。张彦远《法书要录·晋王右军书目》中，提及王羲之服食和服食后体内反应的帖子就有十四五个，提到其体内有可能是服食反应或与他人论服食的地方，更是比比皆是。

服食从魏何晏以来就流行于晋。依照道教的服食养生法，是以石钟乳、石硫磺、白石英、紫石英与赤石脂这五种有毒矿物为主要原料作成的毒药，搅在一起服用，名曰"五石散"，少量服用也有强身健体的效能，汉代很少有人食用。曹魏时期，经人将药方稍加改动，并说有治病和神明开朗的功效，但药价一直偏高，且一不小心便会中毒，若服用不当即有生命危险。

鲁迅在《魏晋风度及文章与药及酒之关系》一文中叙述甚

详："（五石散）是一种毒药，是何晏吃开头的。汉时，大家还不敢吃，何晏或者将药方略加改变，便吃开头了。五石散的基本，大概是五样药：石钟乳、石硫磺、白石英、紫石英、赤石脂；另外怕还配点别样的药。"

魏晋时代，在司马氏的专制统治下，知识分子的精神很苦闷，其中不少人先是服食，之后又寄情山水，总之是尽量逃避现实，寻求解脱。而游历山水，长途跋涉，容易疲劳，体力较弱者更加明显。人在服用"五石散"后，体内燥热，渴望外出活动，在此情况下登山，足下生风，轻轻飘飘，的确有一种成仙的感觉。但这无异于饮鸩止渴，经常服用便会失眠，没有食欲，怕热喜寒。此外，一些东晋士族生活宽裕，纵情声色之后也需要滋补，服用者逐渐增多。王羲之不可避免受到这种风气的影响，听信了道士许迈的话，开始服用金石之药，追求羽化登仙。

对于"五石散"的"养生"功效，沈括在《梦溪笔谈》里就表示了质疑。此外孙思邈也说："五石散是大猛急毒，宁可吃有大毒的野葛，也不要吃五石散。遇到这样的药方，就应该马上烧掉，勿使它成为人类的祸害。"孙思邈分析认为，"五石散"是集诸药之弊性，集中起来使用，所以害人不浅。

而王羲之却喜服"五石散"，大凡此类东西，他是来者不拒。"得足下旃罽胡桃药两种，知足下至，戎盐乃要也，是服食所须。"（见《淳化阁帖》）他的身体因此越来越差，他说："吾服食久，犹为劣劣"、"服食求神仙，但为药所误"。

在王羲之的晚年，服药带来的副作用时时折磨着他，但他又必须依靠服食来减轻痛楚。如此循环往复，他已经无力自拔，最后连行散发热的短暂快感也微乎其微了。王羲之的病情在一天天加重，这从他写给亲戚、友人的书信中也可看出来，他很为自己病情的加剧而不安，如：

"吾顷无一日佳，衰老之弊日至，夏不得有所噉，而犹有劳务，甚劣劣。"（衰老帖）

"吾疾故尔沉滞，忧悴解日。"（近得书帖）

"吾昨暮复大吐，小噉物便尔。"（极寒帖）

"吾食至少，幼劣劣。"（寒切帖）

"仆脚中不堪沉阴，重痛不可言，不知何以治之，忧深，力不一一，王羲之顿首。"

在王羲之的尺牍中，提到的疾病有脚痛、腰痛、腹痛、头痛、肝痛、齿痛、目痛、耳鸣及原因不明的发热、食欲不振、下痢、失眠、咳嗽、虚脱、瘤肿等。这些疾病其实就是服食、服丹不当所致。有机水银（organic mercury）侵害，就会出现中毒病状，现代医学称之水俣病（itaiitai）。它除了知觉、听力障碍、失调、视野狭窄、肌肉力量下降等精神系统的障碍外，还有发作性的症状，如肢端麻木、颤抖等，在感觉障碍方面有肝脏、肾脏对脏器、血管等全身的影响。

再具体地说，水俣病带来的是癫痫、头痛、腰痛、四肢疲劳、心脏压迫、神经痛、关节痛、肌肉痛、口腔炎，还有头晕、呕吐、步行困难、失眠、盗汗、麻木、恶心、贫血、结核等症状。结合王羲之尺牍中有关疾病内容，应当是重金属类的环境污染与自身服用有毒物品引起的。

后人从记载上发现，王氏一族及其身旁的士人似乎也有此共同的病症。王献之尺牍中就有提及诸如地黄汤之类的药物名称。这里再揭开一个谜底：《晋书·王羲之传》、《法书要录》中都有记载王羲之"写经换鹅"的故事。过去有人怀疑鹅之

"转颈"与书法之"转腕"相通，所以王羲之才好之，名"右军鹅"，并以此为书法不传的秘密。这其实是古人附会而已，并非真正原因。据陶弘景《名医引录》与唐孟诜《食疗本草》，鹅列上品。李时珍《本草纲目·禽部》则以鹅为"与服丹石人相宜"。鹅作为药物，有解五脏丹毒的作用。王羲之为预防中丹毒，就要经常吃鹅——这恐怕才是王羲之爱鹅的真正原因。

王羲之的这些信件，都是极好的书帖，在随意挥写中更能看出书法家的功底，因此，被后人称为"法书"，宋太宗将其收入丛帖《淳化阁帖》。可惜的是，这些书信虽然都属上乘书法佳品，但传递的却是让人徒增忧愁的信息。它们实际上是王羲之的"自述病历"。归纳起来，患者王羲之有服食史，燥热，干呕，吃一点东西就呕吐，食欲大减，又胸中淡闷，干呕加剧，浮肿不消，伴有痛风症状，夜晚腹痛，体征衰弱，苍苍老态尽现。

现代医学家根据王羲之的这些自述症状，指出他无疑是药石中毒，并发消化系统病变。死神在不知不觉间已经降临了。

人生落幕，兰亭长存

公元361年的一天，王羲之微微睁开眼睛，他已经在床上躺了很多天。太阳从窗外射进来，照在绸缎被褥上，也照在床边地上，阳光下可以看到无数尘埃在半空中飘浮。一直守候在旁边的夫人郗璇看到丈夫醒来，气色似乎也好了一些，急忙亲自端来热好的药汤。

王羲之摇了摇头，他已经吃过太多太多的药，本以为可以

一代书圣 王羲之

健康长寿，却没想到身体很快变得这样糟糕。王羲之示意夫人，让自己微微坐起来。夫人拿了靠垫让他半躺半卧着，这样或许更舒服一些。就是这样轻微的活动，也让王羲之累得几乎喘不过气。

多少天来，王羲之一直处于时而清醒时而昏迷状态，今天他感到自己头脑清醒了一些。他又闭上眼睛，平生的一幕幕在他脑海里像过电影般闪现，那个握笔的少年多么富有朝气啊，他是当年的自己吗？在叔父王导府上，他旁若无人地坐在东床之上吃胡饼，他的堂兄弟们一个个正襟危坐，仿佛接受大考一般。那时候郗璇正青春年少！一顶崭新官帽戴在头上，是秘书郎吗？是参军还是长史？好像是宁远将军或者江州刺史吧？他也想为朝廷做事，为黎民百姓造福，可是谁让他生在这样一个动乱的年代？君昏政暗、虚谈废务，他有心而无力……一转眼，他就站在了父母的墓前，那是哪一年呢？应该是永和十一年初春三月，之前他曾徘徊犹豫过很久，最后还是下了狠心。他庄重地写了告誓文，告诉天堂的父母大人，他要从此离开官场。接下来，就是游山玩水与休憩养生了。山灵水秀，丹炉之上炊烟袅袅婷婷，像极了行草的笔笔画画……

王羲之嘴角隐约现出一丝笑，他忽然觉得自己有些可笑了。那位叫嬴政的皇帝也曾想长生不老，还派了方士徐福带着三千童男童女去海外寻长生不老药。结果，不也死了吗？每个人都将会面临死亡，自己是否太过天真，竟然相信服食炼丹可以长寿！或许，正是这丹药害了自己！自己用了一生时间研习书法，如果学有所成，那也应该是老年了。本应该好好利用辞官后的悠闲岁月多写一些，可是，却把太多时间交给了不靠谱的仙药。

已经很长时间没有握笔了，真应该写些什么。王羲之浑身一激灵，再度睁开眼，却看到几个儿子都站在那里，还有孙子孙女。他们都在看着自己。王羲之慢慢移动眼珠，从夫人郗璇，儿子凝之、徽之、操之、焕之、献之的脸上一一看过去。还有几个孩子，该是他的孙子孙女吧。

王羲之嘴巴张了张，却没有声音。夫人郗璇急忙近前来想听清他说什么，但她什么也没有听到，只有带着药味若有若无的气息微微飘过她的耳畔。18岁的王献之看到父亲的手指动了动，那个动作他太熟悉了，他马上明白了父亲的意思，立即小跑着取来了笔墨。

王羲之握笔在手，用力想坐起来，可他实在没有多余的力气了。"你父亲想写字，快拿纸。"夫人郗璇大声吩咐。纸很快取来，铺在哪里呢？王羲之已不可能再像松树那般伟岸坚定地站在书案前挥毫而就了。还是王献之聪明，他灵机一动，转过身弯下腰，让把纸放在他背上，然后努力移近半卧在床上的父亲的手。

王羲之脸色竟然红润起来，双眼放光，乌青的嘴唇轻轻颤抖。他深深吸了一口气，慢慢抬起笔在纸上写起来。所有人都瞪大眼睛，看着那沉稳而有力的笔尖，一笔一画在纸上写了一个字——之。

当最后一撇写完之后，王羲之满意地舒了一口气。不会有人知道他为什么要写下这个字了。他的手一松，笔掉在地上。59岁的王羲之就这样安静地永远离开了这个飘荡着魏晋之风的世界。

王羲之去世后，朝廷赠其金紫光禄大夫之职，子孙遵照他的遗嘱坚辞不受。他两手空空而来，又一身清白离去，却留给

这个世界无人超越的书法墨宝。

这就是王羲之。

这就是王羲之辉煌而又坎坷的一生。

如今，书圣已离开我们 1700 多年，但他的书法艺术依然活在人间。